AF853008

De la diselcsi à la dyslexie

« Du très compliqué au pas si simple »

DANS LA MÊME COLLECTION

Marylise Pompignac-Poisson
Enfant bien porté, Enfant bien portant
Des maux aux mots, du corps à la parole, du sensible à l'intelligible

Marylise Pompignac-Poisson et Christophe Allanic
Comprendre l'adolescence : conduites de dépendance et conduites à risque

Christophe Allanic
Le diable sur le divan (roman)

Jean-Pierre Mauduy
Regarde-moi – « Vivre avec une maladie rare »

Notre catalogue complet sur
www.cheminements.fr

CORINNE RICHARD

De la diselcsi à la dyslexie

«Du très compliqué au pas si simple»

PILON

BIBLIOTHÈQUE DÉPARTEMENTALE DE PRÊT ESSONNE

CHEMINEMENTS

Illustrations : Sandrine DELETTE
Entretien : professeur Marcel RUFO

© CHEMINEMENTS, 2009.
Tous droits réservés.

Avis aux lecteurs

Le morceau de vie dont ce livre est l'objet est le reflet de ma vision et de mon ressenti. Il ne fait aucun mystère de ma partialité mais comment ne pas l'être lorsqu'il est question de ses enfants. Les autres membres de la famille n'auraient peut-être pas retenu, dans les mêmes faits, la même émotion, mais cela est la preuve, s'il en faut une, que suivant la personnalité, l'âge, et l'implication dans les actes, il y a autant d'angles de vue que d'acteurs. Je n'avais pas prévu, en mettant au monde mes enfants, de devoir me retrouver à relever le défi dont est l'objet ce livre mais c'est ainsi… Et je tiens à les remercier pour ce qu'ils sont et pour le sens qu'ils ont donné à mon existence avec, et au-delà de leurs difficultés.

Albert Einstein disait : « Si vous ne pouvez expliquer un concept à un enfant de six ans, c'est que vous ne le comprenez pas vraiment ». Cela aurait pu être la raison pour laquelle Antoine de Saint-Exupéry avait écrit : « Les enfants doivent être indulgents avec les adultes ».

Alors, pardon et merci les enfants !

Introduction

Au fur et à mesure que les mois passent, je me rends compte de l'ignorance, encore aujourd'hui, de beaucoup de gens en ce qui concerne ce trouble de l'apprentissage de la lecture. Ce handicap de l'orthographe et des mots qu'est la dyslexie. Pour ma part, je n'étais pas très informée sur le sujet. J'avais vu un reportage à la télévision, qui traitait de la fuite des scientifiques français vers les États-Unis, où une jeune femme avait réussi à trouver des budgets et un laboratoire pour ses recherches, lorsque ses amis américains lui avaient conseillé de parler de sa dyslexie. Elle expliquait que ce qui avait été pour elle le drame de toute sa scolarité en France était devenu, outre-Atlantique, un atout majeur.

Préface

Cornillon Confoux, le 1er novembre 2006

Chère madame, vous me demandez de préfacer votre ouvrage. Je vous en remercie, c'est un grand honneur et je mesure ma responsabilité. Aussi laissez-moi vous parler à cœur ouvert, comme je le fais avec les parents qui appellent chaque jour, pour demander de l'aide, à notre association de parents et cela depuis près de trente ans. Comme vous avez bien fait d'écrire avec réalisme, émotion et humour la vie **réelle** et non **rêvée** d'une famille Dys [1]. Ainsi vous transmettrez à vos enfants… et petits-enfants, génétique oblige, la mémoire de vos combats. Nos enfants sont **oublieux** des mauvais souvenirs, ils mélangent en une grande **galère** les années scolaires et ne mémorisent pas en détail tout ce que nous avons pu faire et dû faire pour les aider. Ce livre

1. Dyslexique

donnera à nos parents une indispensable leçon de persévérance. J'en suis persuadée. J'ai un souvenir précis de vos appels à l'aide, il y a longtemps, pour Damien. J'espère et je constate que nous avons dû vous aider à découvrir que la dyslexie n'est pas une fatalité et que les parents ont un rôle essentiel à remplir, pour accompagner la scolarité de leurs enfants et faire évoluer les mentalités et ainsi obliger les professionnels concernés à améliorer leurs compétences.

En octobre 2006, un grand projet Neurodys [2] est lancé ; financé par l'Europe, la ville de Paris et la recherche sur neuf pays européens. Permettez-moi de dire avec bon sens que devant l'ampleur de l'illettrisme constatée par l'Éducation nationale elle-même, prendre trois ans pour, je cite : « **Créer** la plus grande base de données biologiques mondiales sur la dyslexie, **permettre** d'améliorer le diagnostic et les traitements... **Comprendre** les influences génétiques et environnementales qui se conjuguent pour altérer le développement cérébral et l'acquisition de la lecture, etc. », c'est attendre encore trois ans ! **De trop** ! Pour les professionnels, c'est un beau projet, mais pour nos enfants qui grandissent si vite, que d'enfants malheureux, que de temps perdu depuis

2. Voir annexe I.

des générations. **Car savez-vous** que le premier diagnostic fut fait par un médecin scolaire anglais en 1895, pour un élève intelligent mais atteint de **cécité verbale,** c'est le terme qu'il inventa. Il constatait aussi que cet enfant, un garçon, était brillant à l'oral. Je viens de retrouver un numéro hors-série de *Famille Magazine* sur la lecture : Lire de 0 à 15 ans. Tout y est très bien expliqué : « Au secours il ne lit pas, le mystère de l'apprentissage, le plaisir de lire se gagne, non-lecteur à 9 ans », et enfin page 49 « les énigmes de la dyslexie [3] », accompagné d'une promesse « la lecture, première priorité du nouveau contrat pour l'école. » Dès 1995… Oui il n'y a pas d'erreur. Je vous adresse cette page pour votre information. Or, nous sommes fin 2006, bientôt 2007. Admettez que je sois très inquiète pour l'avenir de nos enfants, petits-enfants, etc. Le corps médical a obtenu que la dyslexie soit un problème de **santé publique**, une pathologie cérébrale prise en charge par des **réseaux hospitaliers**, donnant droit au 100 %, aux VSL [4] taxis, véhicules pour aller chez l'orthophoniste ! L'enfant dyslexique est donc devenu en un siècle un enfant handicapé. Les parents et les grands-parents se révoltent, d'autant plus qu'ils sont souvent d'anciens dyslexiques compensés mais en réussite professionnelle avec des compétences ou des diplômes.

3. Voir annexe II.
4. Véhicule Sanitaire Léger.

Car désormais, pour obtenir une aide pédagogique durant la scolarité ou un temps supplémentaire à un examen, ou du matériel informatique, il faudra se rendre à la MDPH [5] qui regroupe les anciennes commissions CDES [6] et Cotorep [7], et remplir un dossier scolaire de handicap ou de personne handicapée après 18 ans. En effet, nos dyslexiques arrivent rarement en 1re ou terminale avant la majorité.

Nous attendons la réalisation, les promesses du rapport Ringard (2000) et les vingt-huit propositions et prises en charge des TSLOE [8] Nous attendons encore les enseignants formés et spécialisés dans les IUFM [9]. Nous attendons encore les méthodes adaptées : efficaces, logiques et cohérentes pour apprendre à lire et qui seraient utiles à **tous les enfants**. Savez-vous que la langue française est « riche » de 41 % d'irrégularités, que l'italien est une langue transparente et que l'anglais est si irrégulier que les dyslexiques devraient en être dispensés à l'écrit. Savez-vous que les dyslexiques ne peuvent mémoriser que ce qui est vérifiable, régulier et juste : « Les poules du couvent couvent = Lait poule du

5. Maison Départementale des Dersonnes Handicapées.
6. Commission Départementale de l'Éducation Spéciale.
7. Commission technique d'orientation et de reclassement professionnel.
8. Troubles Spécifiques Langage Oral et Écrit.
9. Institut Universitaire de Formation des Maîtres.

couvant couve ». L'orthographe de la langue française est un vrai casse-tête sans queue ni tête, (sketchs de Raymond Devos). Faisons un rêve : en primaire pour les élèves précocement dépistés dyslexiques, des enseignants informés, formés et spécialisés. Des orthophonistes pour compléter le suivi scolaire. Actuellement, un orthophoniste pour soixante-quatorze enfants en PACA [10] (chiffres de la DRASS [11]), c'est demander l'impossible à cette profession essentielle, car en moyenne une séance d'orthophonie par semaine, c'est trop peu, trop tard, trop long. Le dyslexique doit rester un enfant normalement scolarisé (définition de l'OMS [12]).

Aujourd'hui, des enseignants lucides osent contester la méthode globale, d'autres s'y cramponnent par modernisme. Est-ce bien sérieux ? Où est la bonne méthode ? Qui aura l'honneur de la créer, ou de la retrouver ? En 1970, la méthode Thimonnier (inspecteur de l'Éducation nationale) parlait déjà de graphèmes et phonèmes. Hier, la méthode Boscher puis une autre, récente, écrite par une orthophoniste et un professeur des écoles permettent aux parents d'apprendre la lecture à leurs enfants en

10. Provence-Alpes- Côte-d'Azur.
11. Direction Régionale des Affaires Sanitaire et Sociale.
12. Organisation Mondiale de la Santé.

famille à la maison. Je suis à la fois triste de constater tant de dégâts et optimiste parce que les parents veulent davantage participer à l'enseignement et deviennent très efficaces. Cette année, les réussites aux examens en sont la preuve. L'aide familiale, ça marche. Les enseignants sont de plus en plus nombreux à comprendre que la dyslexie est un **problème pédagogique** que l'école ne peut plus nier. Et que les parents d'enfants dyslexiques ont un rôle à jouer. En trente ans, nous avons donc fait bouger bien des choses dans le domaine médical et pédagogique. Continuons à défendre la cause des dyslexiques car nous ne supportons plus qu'un enfant devienne phobique, fugueur, déprimé, suicidaire, illettré, délinquant, anorexique, violent, promis à un avenir sans diplôme ni formation, sans place dans la société parce qu'il est **seulement dyslexique**. Encore merci pour votre livre, chère madame, bien à vous.

Michèle Gola Malaterre

Annexe I

Dyslexie : lancement du projet européen Neurodys

Centre National de la Recherche Scientifique
Paris, 25 septembre 2006

Le projet Neurodys, qui réunit des chercheurs de neuf pays européens pour mieux comprendre les mécanismes de la dyslexie, vient de débuter. En France, ce projet est conduit par des laboratoires du CNRS et de l'Inserm. L'objectif est de déterminer les facteurs biologiques et environnementaux impliqués dans ce trouble de l'apprentissage très répandu. Les enfants choisis pour participer aux différentes études sont originaires de nombreux pays, ce qui devrait permettre de prendre en considération, outre les causes générales de la dyslexie, les aspects spécifiques à chaque langue. En trois ans, ce projet aboutira à la plus grande base de données biologiques mondiales sur la dyslexie.

Le projet Neurodys constitue un effort européen de grande ampleur pour clarifier les bases biologiques de la dyslexie développementale (trouble spécifique de la lecture et de l'écriture). La dyslexie est un trouble de l'apprentissage fréquent qui affecte environ 5 % des enfants scolarisés, et qui a une forte composante biologique. L'exploration des liens entre la dyslexie, les aires cérébrales sous-jacentes et les gènes de susceptibilité nécessite d'étudier de grandes populations à travers diverses langues et cultures, une condition réunie dans ce consortium financé par la Commission européenne à hauteur de 3 millions d'euros.

Neurodys réunit quinze groupes de recherche scientifique et clinique d'excellence, répartis sur neuf pays. Il couvre les langues de la majorité des 2,5 millions d'enfants dyslexiques européens. Ce projet combine des approches innovantes pour comprendre comment les influences génétiques et environnementales se conjuguent pour altérer le développement cérébral et l'acquisition de la lecture. Près de quatre mille enfants de plusieurs pays participeront à cette étude.

La mise en place de la plus grande base de données biologiques au monde sur la dyslexie placera l'Europe à l'avant-garde de la recherche sur ce trouble d'ici trois ans. L'intégration des nouvelles données aux niveaux moléculaires, cérébraux et comportementaux à travers les différents pays facilitera une compréhension approfondie des aspects de la dyslexie qui sont universels et de ceux qui sont spécifiques à chaque langue. Le projet Neurodys permettra d'établir une base scientifique solide pour améliorer le diagnostic et les traitements.

La partie française du projet Neurodys est conduite par des laboratoires du CNRS et de l'Inserm, en collaboration avec six centres référents pour les troubles du langage à Paris, Lyon, Marseille, Toulouse et Grenoble. En plus du financement européen, le projet est soutenu par la Ville de Paris et l'Agence nationale de la recherche.

Références :

- Site web du projet européen Neurodys,
- Site web du projet français Génédys.

Annexe II

Les Énigmes de la Dyslexie, dans *Famille Magazine*, hors-série Je lis déjà.

Il lit avec la plus grande lenteur, il coupe son débit aux mauvais moments, il intervertit les lettres (cra au lieu de car), en oublie (prestigiteur) ou en rajoute (mairrerie pour mairie). Est-il dyslexique? Pas sûr!

« Les différences entre les dyslexiques et les « normaux » sont d'ordre quantitatif et non qualitatif », écrit Lucien Malson (*Qu'est-ce que la dyslexie?* Privat, 1994). Autrement dit, les uns comme les autres commettent à peu près les mêmes erreurs, le dyslexique les commettant simplement plus souvent, et plus longtemps. C'est donc avec beaucoup de prudence que les spécialistes emploient désormais un mot qui renvoie trop vite les parents à l'idée d'une maladie plus ou moins héréditaire et souvent incurable.

À l'inverse, les instructions officielles de l'Éducation nationale précisaient en 1990 qu'il n'y avait sans doute pas « une dyslexie, mais des enfants dyslexiques » et qu'il convenait à chaque fois d'essayer de mieux cerner, pour chaque enfant et le plus tôt possible (éventuellement avant le CP), la nature du problème de langage constaté chez l'enfant. Un bilan orthophonique, conseillé par la maîtresse et prescrit par le pédiatre (cet acte est remboursé par la Sécurité Sociale), permet souvent d'y voir plus clair.

En tout état de cause, il importe de ne pas considérer toute difficulté d'apprentissage comme symptôme de dyslexie. Même si, naturellement, tout parent attend de son enfant un succès rapide en lecture, la période de l'apprentissage est tout aussi naturellement pour l'écolier celle de l'hésitation et du tâtonnement. Et à trop presser un enfant lent, on le pousse à la faute : pour faire comme les autres, il va se mettre à lire plus vite qu'il ne peut, et donc encore plus mal qu'il ne devrait. « L'élève ne sort pas toujours indemne de cette épreuve », rappelle Lucien Malson. « Il faut à l'égard de beaucoup de gamins, disons-le de la plupart, savoir attendre. »
Ph.-B.

La lecture, « première priorité » du Nouveau Contrat pour l'École

La maîtrise de la langue française, orale et écrite, est désignée comme la « première des priorités » dans le Nouveau Contrat pour l'École, cet ensemble de mesures que François Bayrou, ministre de l'Éducation nationale, s'est engagé à mettre en œuvre dans les deux années à venir pour améliorer les performances de notre système éducatif. Concrètement, que va-t-il se passer ?

À partir de la rentrée 1995, les programmes du primaire seront allégés et recentrés sur « les savoirs essentiels », à commencer par la lecture. Idem pour la classe de sixième, où l'horaire de français sera renforcé. Sur le plan pédagogique, la mise en place dès cette année dans le primaire d'études dirigées quotidiennes visera notamment à améliorer le suivi individuel des écoliers par leurs maîtres. Enfin un « Observatoire national de la lecture », composé de chercheurs et de praticiens, est créé en vue de recenser, d'analyser et de faire connaître auprès des enseignants les méthodes d'apprentissage de la lecture qui « marchent » le mieux.

Des initiatives peu spectaculaires mais de bon sens. Suffiront-elles à faire « diminuer de moitié en cinq ans le nombre d'élèves entrant en sixième sans maîtriser la lecture » (environ 12 % de leur génération, soit quatre-vingt quinze mille enfants) comme François Bayrou l'avait souhaité en prenant ses fonctions ? Réponse à la veille de l'an 2000.

1

Un jour, Damien était en CE1 [13]. L'année avait plutôt bien commencé, mais à la reprise, après les vacances de la Toussaint, ses cahiers, jusque-là bien tenus, se sont transformés en brouillons. Au fil des semaines, cela devenait catastrophique. Les commentaires du maître dans la marge étaient tellement durs que les punitions ont rapidement succédé aux menaces. Je ne sais plus le nombre de fois où je lui ai fait refaire ses pages d'écriture. Pour les devoirs, nous étions obligés de téléphoner systématiquement aux copains car, certes il les écrivait dans son cahier de textes, mais nous étions incapables de les relire. Le maître ne prenait même plus la peine de le corriger. Lorsque j'en ai demandé la raison à Damien, il me répondit que le maître avait dit ne plus vouloir gaspiller son stylo rouge pour lui. Plus le temps passait, et moins je comprenais. Mon fils n'était pourtant ni

13. Cours élémentaire première année.

stupide, ni fainéant. À la maison, il était avide d'apprendre et plein de bonne volonté. Lorsque le samedi arrivait, et que nous devions signer les cahiers, c'était l'éternel retour du drame familial en quatre actes.

Acte I. Déception. La séance de recopiage du week-end précédent n'a servi à rien. Cette semaine, l'écriture était aussi sale et illisible que d'habitude.

Acte II. Colère et menace. Si tu continues, plus de rugby, et pour la fête d'anniversaire de ton copain, ce n'est pas gagné.

Acte III. Punition. On recommence et l'on s'applique.

Acte IV. Culpabilité. Je sais que ses larmes sont sincères, et j'ai envie de le croire lorsqu'il me dit qu'il a fait de son mieux. Mais alors qu'est-ce qui ne va pas ? Il doit bien y avoir quelque chose à faire pour améliorer tout cela… !

La spirale infernale devient vite ingérable : plus j'exigeais, moins Damien y arrivait. Moins il y arrivait, et plus son instituteur me convoquait, et plus j'exigeais… Je ne supportais plus de ne pas pouvoir défendre mon fils face à toutes les remarques accablantes de son maître, car je ne trouvais aucun argument solide pour le faire. Sa bonne volonté ne suffisait pas pour calmer l'enseignant, et pourtant je savais que mon fils n'était pas un idiot. Au détour d'une conversation avec d'autres parents sur le parking de l'école, une maman racontait qu'elle venait d'apprendre que son fils était dyslexique, et que c'était la raison pour laquelle il avait des difficultés à l'école. Il avait donc passé des tests chez un neurologue. Le soir, après en avoir parlé avec mon mari, et malgré toutes les réserves que nous avions sur le fait de faire passer des tests à notre enfant chez un neurologue, nous avons décidé de prendre un rendez-vous. De toute façon, même s'il ne pouvait rien pour notre fils, il pourrait peut-être nous conseiller. Dans tous les cas, il aurait forcément un regard extérieur et neuf.

Le jour du rendez-vous est arrivé, nous étions tous plutôt anxieux. Lorsque nous nous sommes retrouvés dans la salle d'attente, je me demandais vraiment ce que nous faisions là. J'étais tellement coupable de faire subir **cela** à Damien que si le médecin avait tardé un peu trop à arriver, nous serions repartis. Heureusement il est arrivé avant que j'aie eu le temps de trop réfléchir. Il nous a tous fait entrer dans son bureau pour nous dire que nous devions le laisser seul avec notre fils durant une heure et il nous a conseillé d'aller nous promener dans la ville. Il a l'air de bien connaître son affaire.

C'est très long, une heure, sans savoir ce qui se passe. Mais si dans une heure il nous apporte la clef à notre problème, je penserai que ce n'est rien, une heure. Soixante petites minutes pour savoir ce qui nous empoisonne la vie depuis tant de longs mois. Nous sommes donc sortis nous promener, et une heure plus tard nous étions assis dans la salle d'attente. Je faisais mine d'être concentrée sur un magazine, mais j'étais à l'affût du moindre bruit venant de la pièce d'à côté et qui m'annoncerait la fin de l'attente.

Dyslexie mixte sévère et dysorthographie. Voilà les quatre mots qui expliquent toute la souffrance de Damien. Le médecin nous a dit qu'il fallait qu'il bénéficie rapidement d'une prise en charge orthophonique au moins deux fois par semaine et qu'à ces conditions, nous pouvions espérer résoudre ses difficultés avant le collège, mais que peut-être il faudrait à Damien une année supplémentaire pour faire les programmes du primaire. Il nous a donné une lettre pour l'instituteur, lui demandant de considérer la rééducation orthophonique comme prioritaire. Le plus important ce jour-là, c'est qu'il a pu expliquer au petit que tout cela n'était pas de sa faute. S'il ne réussissait pas mieux à l'école, c'est que le chemin que prennent les informations dans son cerveau est un peu particulier. Ce n'est pas grave, il y a beaucoup de gens comme lui (entre 8 et 10 %, source OMS [14]) et nombre d'entre eux ont bien réussi dans la vie. Damien a souri. Je me suis souvenue de ce reportage que j'avais vu. Il m'a expliqué que dans le domaine de la dyslexie, les Anglo-Saxons avaient compris qu'à diplôme équivalent, un jeune « dyslexique » doit fournir beaucoup plus d'efforts pour réussir qu'un autre jeune dit sans difficultés. C'est donc pour eux un gage de ténacité et de courage. De plus, lorsqu'un dyslexique doit rendre un rapport, il lui est impossible de le bâcler car il a appris souvent dès son plus jeune âge à être méthodique, et il sait consacrer le temps nécessaire à sa tâche.

Sur le chemin du retour, nous étions tous soulagés et plein d'espoir. Mon mari était le plus pensif, puis il a fini par nous dire que lui aussi était dyslexique, que toutes les difficultés de Damien, il les connaissait. Que cela lui faisait bizarre de pouvoir enfin trouver le nom de sa différence. Que cela devait expliquer pourquoi il ne s'investissait pas dans la scolarité des enfants. La projection de son vécu le bloquait, il était soulagé de savoir que je ne comptais pas baisser les bras et me faisait pleinement confiance en ce qui concernait l'éducation de nos

14. Organisation Mondiale de la Santé.

enfants. Volontairement, je ne développerai pas sur les morceaux de souvenir que mon mari m'a transmis de son enfance. Cette histoire est une autre histoire, qui fait partie de son jardin secret. Moi je ne peux et ne veux témoigner que de ce que je vis et de ce que je vois aujourd'hui.

2

Au printemps précédent, j'accompagnais au CAMSP [15] mon petit dernier, William. Il était alors en grande section de maternelle. J'avais été souvent, pour ne pas dire quotidiennement, alertée par son institutrice qui peinait pour le faire travailler. Elle le trouvait intelligent et très fainéant. J'avais appris qu'il avait fait des cabrioles dans la classe, que le stylo dans la main et les yeux dans les yeux avec la maîtresse, il le laissait tomber sur le sol en signe de provocation. Tous ces actes avaient pour effet de l'envoyer au coin, ou bien dans la classe des CM [16] de la directrice ou parfois dans le bureau avec une ASEM [17] pour faire ses exercices. Là, au calme avec elle, il exécutait ses exercices avec justesse et rapidité, souvent avec facilité mais oralement. C'est sur

15. Centre d'Action Médico-Sociale Précoce.
16. Cours moyen.
17. Agent Spécialisé des Écoles Maternelles.

les conseils de cette personne que j'ai pris rendez-vous au CAMSP afin que William effectue des tests. Nous supposions qu'il devait s'ennuyer en classe pour avoir un tel comportement. Les résultats des tests ne m'ont pas vraiment éclairée. William n'est pas précoce, il est dans la moyenne très forte, c'est tout. Peut-être faut-il que je le laisse grandir car c'est mon petit dernier. Ensuite il fera des progrès. J'ai donc essayé de moins me faire de souci pour William ; et puis cette année c'est Damien qui a visiblement le plus besoin de mon énergie pour le soutenir.

D'abord il faut trouver une orthophoniste disponible et, en pleine année scolaire, ce n'est pas du gâteau. Il y en a bien trop peu et elles sont surchargées (par les enfants dyslexiques). Première grande découverte, mon fils est loin d'être un cas isolé. Nous avons fini par trouver la perle rare, et nous avons même réussi au bout de quelques semaines à obtenir deux rendez-vous par semaine…

J'ai contacté une association et, sur le conseil de la présidente de la région, j'ai lu *Les malheurs d'un enfant dyslexique* [18]. J'ai beaucoup pleuré car c'est une lecture très éprouvante pour une maman, et je me suis fait la promesse de soutenir et de protéger au

18. De Gisèle Plantier, éditions Albin Michel.

maximum Damien car maintenant que je savais, je n'avais pas le droit de faire autrement. Et gare à celui ou celle qui se permettrait de l'humilier à cause de son écriture, de ses fautes, ou de sa lecture singulière. Petit à petit, jour après jour, nous avons commencé à progresser. Damien se sentait enfin compris et il pouvait investir sa rééducation. J'ai prêté le livre à l'instituteur de Damien car il m'avait dit être sensibilisé par ce problème. Cela m'a paru une bonne façon pour lui aussi de mieux comprendre ce qu'est la dyslexie. Quelques jours plus tard, en arrivant chez l'orthophoniste, j'ai appris que la directrice de l'école,avait téléphoné au cabinet pour connaître quel type de médicament allait devoir prendre Damien pour soigner sa dyslexie. Quelle ne fut pas la stupeur de l'orthophoniste de constater l'ignorance de certaines personnes pourtant si importantes dans l'éducation des enfants, et de se retrouver contrainte d'expliquer qu'il n'existe pas un comprimé pour soigner ce qui n'est pas une maladie.

Une trentaine d'années séparent l'histoire du petit garçon du livre de celle de mon fils, et elle n'a pas vieilli. C'est l'histoire de Damien, et de combien d'autres ? Les chiffres sont sans appel : 8 à 10 % de la population serait dyslexique. Cela représente à peu près deux enfants dans chaque classe. Combien d'années encore avant que tous les enseignants soient formés pour, sinon dépister les cas suspects, au moins arrêter de les humilier, et de faire, et dire n'importe quoi. Être dyslexique, c'est comme être né avec une langue maternelle différente de notre bon vieux français. Donc au moment d'apprendre à lire et à écrire, un enfant dys aura l'impression d'apprendre une langue quasi étrangère. Des difficultés et des retards de l'apprentissage de la lecture et de l'écriture chez des enfants pourtant intelligents et souvent même plus intelligents que la moyenne. À mon sens, c'est cela le nœud du problème. Il faut admettre qu'un enfant doté d'un QI [19] dont certains se contenteraient sûrement soit long à lire, hachure les mots et que lorsqu'il écrit, il ne soit pas plus rapide. De plus il oublie des morceaux de mots, il inverse des lettres, en confond d'autres. Eh bien oui, c'est pourtant la réalité. De plus, il n'y a rien à gagner dans le recopiage, car il n'y a pas d'automatismes efficaces chez lui. Lui, il est logique.

Exemple : **Les poules**.

— Comment faut-il le lire maman ? **e** ou bien **é** ?

— Le premier, tu le prononces **é** et le deuxième **e.**

— Pourquoi ? Ce n'est pas le pluriel ?

— Bien sûr mais c'est comme ça ! Tu vois, moi je n'y avais jamais pensé. Tu m'épates.

19. Quotient intellectuel.

Ce petit exemple est significatif, je crois, de la façon de voir les mots d'un enfant de six ans, qui est hyperlogique. Pour apprendre il lui faut comprendre. Cet enfant, c'est William et il a six ans. Cela ne m'aurait pas déplu de trouver cette anomalie toute seule, même à mon âge. Une autre fois, la maîtresse avait écrit dans la marge « **illisible** »; pendant que je le sermonnais en lui disant qu'il devait s'appliquer davantage, il m'a demandé de lui expliquer pourquoi cela s'écrivait comme dans son prénom William et comme dans le prénom de son copain Guillaume mais cela, encore une fois, ne se prononçait pas pareil. Je vous assure que cela n'est pas simple d'expliquer un préfixe latin à un enfant de cet âge. Heureusement, les vacances scolaires, les grandes, celles de l'été, sont arrivées. Durant quelques semaines, Damien a poursuivi ses séances et puis nous avons pu tous ensemble souffler un peu et presque oublier la dyslexie. Car il faut bien le dire, en dehors des apprentissages scolaires, tout va très bien.

Damien était ravi car son instituteur n'avait pas trouvé nécessaire de lui faire redoubler le CE1, considérant la volonté qu'il mettait dans sa rééducation et les progrès, minces mais évidents, qu'il avait pu faire.

Pour William, cela était bien différent. Il passait en CE1 mais je pense que si sa maîtresse le trouvait certes intelligent, elle pensait surtout qu'il serait bon pour lui de changer de personne et de se retrouver avec un homme. De toute façon, il n'est pas coutumier de redoubler au beau milieu d'un cycle. Ce que nous avions oublié de prévoir, c'est que les garçons allaient se retrouver dans la même classe, puisque dans notre école, les classes sont à plusieurs niveaux et, qu'en l'espèce, les CE1 sont avec les CE2 [20]. Très vite, Damien s'est révolté contre le comportement de William en classe. Il n'avait rien changé de ses habitudes de pitre. Damien qui se battait comme un beau diable pour progresser avait avec lui, tous les jours, son petit frère qui lui donnait toujours l'impression de n'en avoir rien à faire de l'école. Il y allait, parce qu'il n'avait pas le choix, en dilettante. William semblait apathique dans tout ce qui se rapportait à sa scolarité. Nous avons pensé que son comportement devait être dû à sa taille. William est plus petit que ses camarades, c'est sûrement sa manière de compenser… J'ai donc pris un rendez-vous avec un médecin endocrinologue. Le premier constat était alarmant, car sa courbe de croissance fléchissait de façon assez nette depuis l'âge de trois ans, ce qui, par ailleurs, correspond à son entrée à l'école. Les résultats sanguins ont été sans appel, il fallait faire un bilan complet en milieu hospitalier car visiblement son taux d'hormone de croissance

20. Cours élémentaire deuxième année.

n'était pas satisfaisant. Le médecin m'a expliqué le protocole en vigueur, au cas où. Ce bilan a été très pénible et fatigant pour William. Il a pourtant été très coopératif et patient. Quelques semaines plus tard, lorsque les résultats nous ont été communiqués, cela a été un retour à la case départ. En effet, nous étions soulagés de savoir que tout allait bien, qu'il fallait le laisser grandir, qu'il ferait probablement une poussée de croissance à la puberté. Je savais que quelque chose n'allait pas, mais quoi? Nous commencions presque à nous résigner à signer, toutes les fins de semaine, des cahiers où il n'y avait quasiment aucun travail, si ce n'est parfois des 20/20. Si je devais résumer son travail scolaire, je dirais que: « Ou bien il ne fait rien, mais vraiment rien; ou bien, il finit le premier et tout est juste ». J'ai continué à chercher tous azimuts la raison de son comportement et de ses difficultés. Je pense même que, par moments, je devais gonfler tout le monde autour de moi, mais surtout William qui en avait un peu assez de rencontrer de pseudos psy [21] ou autres. Je ne supportais plus que l'on me dise qu'il était intelligent, comme si cela devait être suffisant. Il était bel et bien en train de louper sa scolarité. Mais le plus grave pour moi, c'est que psychologiquement il devait forcément souffrir. Moi je souffrais.

---

21. Psychologue.

Un soir, Damien est rentré de l'école totalement excité à l'idée de devenir peut-être le délégué des élèves au Conseil d'école. Ils avaient étudié en instruction civique le rôle des élus, et voilà que mon bonhomme se sentait porté par la perspective d'une carrière politique. Il était fasciné et ne me parlait plus que de ses projets et de son programme. Le jour des élections est enfin arrivé. Il avait déjà convaincu son frère de lui donner sa voix. Il est parti pour l'école ce matin-là, fébrile et motivé. À l'annonce de sa défaite ce soir-là, j'ai essayé de le réconforter, en lui expliquant que le plus important était qu'il avait fait de son mieux, qu'il avait été honnête avec lui-même et avec les autres en ne faisant pas des promesses irréalisables. Il s'est mis à pleurer à chaudes larmes, et il m'a dit que tout ce que je venais de lui dire était faux. Avant de passer au vote, le maître avait dit à la classe de ne pas voter pour ceux qui avaient des problèmes avec l'orthographe... À l'ouverture de la cour, le lendemain matin, je suis allée voir l'enseignant pour essayer de comprendre. J'avais à peine franchi le portail de l'école que le maître est venu me trouver et m'a dit qu'il savait pourquoi j'étais là, et que dans la vie, il fallait savoir accepter l'échec. Miraculeusement je suis restée calme, et lui ai répondu que je n'avais aucun problème avec le fait que Damien n'ait pas été élu. Que mon problème n'était pas le fond, mais la forme. Que Damien avait pris cette histoire tellement à cœur qu'il se sentait très malheureux et humilié par une issue pareille. Que les notes que mon fils aurait prises pendant les conseils n'auraient peut-être pas pu être lues par quelqu'un d'autre que lui, mais est-ce que cela était si grave ? Qu'il aurait peut-être pu envisager de lui trouver un secrétaire, d'autant qu'un parent siégeant au Conseil s'était proposé pour l'aider en ce sens. Qui pourrait dire que Winston Churchill ou George Washington n'étaient pas faits pour être élus... Et pourtant ils étaient dyslexiques eux aussi. Son instituteur a essayé de m'expliquer que ce jour-là, certains élèves avaient été insupportables, qu'il était désolé pour Damien, car en fait ce n'était pas pour lui qu'il avait dit cela.

Ce soir-là, c'était les vacances de la Toussaint, et personne à la maison n'aurait pu imaginer ce qui nous attendait le jour de la reprise de l'école. Je sais que Damien m'en voulait d'avoir discuté de ce sujet avec son maître. Comme d'habitude, il aurait préféré prendre sur lui pour ne pas se retrouver dans la lumière en tant que dyslexique. Il en a pourtant discuté avec son orthophoniste. Elle lui a dit que si elle avait voté, elle aurait sans hésiter voté pour lui, et que ce qu'il venait de vivre était de la ségrégation.

Elle lui a dit que si elle avait été sa maman, elle aurait agi de la même manière. À 16 h 30, le jour J, Damien est sorti de l'école triomphant, car le maître avait annulé les élections, expliquant qu'elles s'étaient trop mal passées. Il avait décidé que tous les élèves étaient candidats d'office, et à chacun de choisir celui ou celle qu'il pensait le plus à même de défendre les intérêts des enfants. Damien a été élu. Pour en finir avec cette anecdote, le jour du premier conseil d'école, lorsque le directeur lui a donné la parole, il a lu sans accrocher aucun mot la liste des requêtes et c'est l'autre délégué qui a noté les réponses. Lorsque j'ai vu la feuille qu'il avait lue, les mots n'étaient même pas phonétiquement corrects. Son orthophoniste m'a dit que c'était normal puisqu'il avait écrit pour le lire lui-même. Ce qui compte, c'est qu'il sache aussi écrire en français. En fait, il manipule deux langues.

Et si William était dyslexique ? Après tout il a le même genre de difficultés que Damien. Lui aussi écrit entre autres « li » régulièrement à la place de « il ». Non, depuis qu'il va à l'école, c'est de son comportement dont tout le monde se plaint. De son comportement, et même le psychologue scolaire m'a dit, lorsqu'il était au CP [22], que William compte trop

22. Cours préparatoire.

sur moi, qu'il faut que je me détache plus de son travail scolaire, qu'il a de très bons résultats dans tout ce qui est cognitif, et que ses difficultés ne sont pas du domaine de l'école. Qu'il fallait chercher ailleurs. Tant pis, je déteste faire passer des examens et des bilans sans cesse à mon petit garçon, mais comment faire autrement ? Il faut l'aider. Pour l'aider, il faut trouver. De toute façon, je serai près de lui pour positiver chaque nouvel obstacle et le soutenir. Je vais demander un bilan orthophonique.

3

C'est une autre orthophoniste qui a pris William en bilan. Celle de Damien ne veut pas avoir de suivi avec une fratrie. Elle pense qu'il est mieux, lorsque cela est possible, que chaque frère ait la sienne. Par chance, elles sont trois dans le même cabinet. Nous avons beaucoup discuté, et l'orthophoniste a relevé deux points auxquels je n'avais pas songé : le premier, l'accouchement de William qui a été long et difficile, et le deuxième, le fait qu'il soit très fatigable et qu'il s'endorme parfois de façon subite, même en classe. Pour ce qui est de la lecture et de l'écriture… troubles spécifiques…, direction neurologue pour confirmer le diagnostic.

Bingo ! Dyslexie dysorthographie sévère. Mais ce que je n'avais pas envisagé, c'est la Ritaline [23], car ce médecin pense que dans le cas de William, ce médicament serait approprié. Toutefois, il décide de

23. Médicament du trouble déficitaire de l'attention avec hyperactivité.

laisser l'orthophoniste juger de la pertinence d'une prescription ou pas, selon la concentration qu'elle aura de William, pendant les séances de rééducation. Heureusement quelques jours plus tard, l'orthophoniste a écarté de façon définitive la pertinence de ce médicament. William est capable de rester très calme et bien concentré lorsque l'activité lui convient. S'il souffrait d'une hyperactivité, il en serait incapable.

À la même période, et pour être sûre de ne rien avoir à regretter, j'ai pris rendez-vous avec une spécialiste des maladies du sommeil ; et j'ai aussi décidé de demander, en accord avec notre médecin de famille, le dossier médical concernant la naissance de William. Les tests sur l'endormissement à l'hôpital n'ont pas révélé de problèmes. William ne s'est pas endormi, d'autant qu'il était relié par tout un tas de fils depuis un bonnet sur la tête vers une machine. Ces résultats me confortent dans l'idée que si William dort parfois en classe, c'est plus pour se faire oublier et être tranquille, lorsqu'il n'est plus capable d'affronter ses échecs en lecture, que par réelle fatigue. Une amie avertie m'a demandé quels étaient les chiffres des tests Apgar [24] à la naissance de William.

24. Pédiatre ayant établi le système de mesure de la vitalité d'un nouveau-né.

Après la lecture de son carnet de santé, je lui ai dit qu'il avait dix à une minute et dix à cinq minutes. Elle m'a dit que c'était parfait, que c'était ma souffrance d'un accouchement difficile que j'avais probablement projetée sur mon fils.

Le dossier médical est enfin arrivé. Ce que j'avais éprouvé inconsciemment durant ces années est écrit noir sur blanc : il y avait bien eu des complications à la naissance de William et les résultats des tests Apgar n'étaient pas à une minute en réalité de dix mais de quatre. William avait donc bien été en souffrance, mon instinct ne m'avait pas trompé, mais je n'avais pas de temps à consacrer davantage au passé, les contraintes du présent suffisant à remplir mes journées et mes pensées.

Les orthophonistes nous ont donné des rendez-vous simultanés pour les garçons. Donc deux fois par semaine, j'accompagnais les garçons pour leurs séances. Damien, toujours très volontaire, pas à pas, faisait de réels progrès. William, lui, a commencé par essayer de tester les limites de cette sainte femme, mais elle a tenu bon. Parfois, lorsqu'elle le raccompagnait dans la salle d'attente, elle me disait :

— Il est génial ! Aujourd'hui nous avons lu, ou bien nous avons fait de l'ordinateur, ou même un jeu de société.

En fait, quelle que soit l'activité choisie, il y avait des moments de grand espoir. Mais par contre (quand ça ne veut pas, ça ne veut pas), certaines fois, en les voyant revenir, je savais bien que cela n'avait pas été du tout dans le bon sens. Je me souviens d'un jour où elle voulait lui faire dire la fin de petits proverbes, il devait deviner le dernier mot de la phrase. Tout se passait bien et lorsqu'elle lui a demandé de terminer :

— Rusé comme un… ?

Il lui a répondu :

— William.

Elle m'a dit, au moins, il annonce la couleur. Il était parfois un assez bon lecteur, et je pense, en voyant l'air satisfait qu'il affichait en fin de séance, qu'il avait pris du plaisir en découvrant les livres. Ce qui était surprenant, c'est que d'autres fois, il n'arrivait pas du tout à lire, dès qu'il était confronté à un mot trop long, ou à un nouveau son.

Sur les conseils de l'orthophoniste, j'ai pris contact avec une psychologue. Elle m'a expliqué qu'inconsciemment, depuis sa naissance et probablement à cause du fait que je l'avais senti en danger, bien que personne ne me l'ait dit, je le protégeais un peu trop. Je lui mettais aussi un peu trop de pression au niveau scolaire, et je passais beaucoup trop de temps, tous les jours, sur ses devoirs pour des résultats très médiocres. Mon fils faisait partie de ces gens qui ont besoin de vivre leurs propres expériences pour évoluer. Qu'après tout il n'y avait peut-être pas d'autres solutions que celle de le laisser aller au redoublement pour qu'il se mette au charbon. Elle lui a fait passer d'autres tests de QI, car il avait beaucoup de symptômes que l'on trouve chez les enfants précoces. La catastrophe. Elle avait dessiné une courbe représentant les résultats dans chaque domaine testé. La courbe était au maximum dans tous les items concernant la logique et les sciences. Elle était au minimum dans ceux concernant l'image de soi, le cognitif et la lecture. Sa conclusion a été tel un coup de poing ; il était en danger avec un graphique autant en montagnes russes. Ce n'était pas un enfant précoce, bien au contraire et même je devais m'inquiéter de la santé mentale de mon enfant. Lorsque je suis sortie de son cabinet, j'étais aussi effondrée qu'en colère. Frustrée par toutes les questions qui jaillissaient dans ma tête et que j'aurais aimé pouvoir poser, si seulement elles avaient jailli plus tôt. Comme d'habitude, c'est après coup qu'elles arrivent. Je pensais que l'on pouvait avoir un QI très élevé même si on était parfaitement inculte… Pour moi, l'intelligence est plus de la logique que de la lecture… Comment tirer des conclusions aussi radicales sans tenir compte de son handicap, car la dyslexie est un handicap, même si ce mot-là en l'espèce me dérange.

Devinette :

— Il paraît que lorsqu'il était enfant, on le disait presque débile. Devenu adulte, on le disait génial. Qui est-il ?

— Albert Einstein.

Il était lui aussi dyslexique. Accroche-toi, ma fille, et ne te laisse pas tant déstabiliser, les enfants ont besoin de ton optimisme. Dis-leur bien que tu crois en eux et que tu les aimes. Répète-le, souvent. Ils sont tellement fragilisés par l'école, il faut qu'ils se sentent aimés et soutenus. J'ai tout de même décidé de lever le pied en ce qui concerne l'école. Je suis allée voir l'instituteur de William pour le lui dire, afin qu'il n'y ait pas de méprise si un cahier n'est pas signé, ou un devoir pas fait. Il a complètement approuvé, et nous nous sommes engagés à nous tenir informés mais de façon moins visible pour William, afin qu'il puisse s'approprier sa scolarité. William, lui, était ravi de cette situation. Enfin, nos conversations ne concernaient plus l'école ni les devoirs (bizarrement il n'en avait jamais). Je me suis employée à me persuader que cette décision était la bonne.

L'instituteur, toutes les semaines des derniers mois d'école, m'interpellait à la sortie pour me dire son cas de conscience. Damien est parmi la classe l'élève qui s'accroche le plus et qui, malgré ses difficultés, s'investit au maximum dans son travail, et bien sûr il n'a pas le courage de le faire redoubler. Mais Damien a encore tellement de mal avec le français qu'il lui serait peut-être bénéfique de redoubler. Finalement après une longue réflexion, il a proposé le redoublement pour les deux frères. Concernant William, cela ne nous a pas surpris, et je pensais que cela lui apporterait un vrai bénéfice. Pour Damien, cela a été un vrai problème pour nous, à la maison, lorsque le moment de choisir est arrivé. D'un côté la demande de redoublement du maître, confortée de l'avis de l'orthophoniste ; de l'autre le refus de Damien. Finalement, nous avons opté pour le redoublement, pensant qu'il fallait faire confiance aux professionnels. Nous pensions naïvement que l'école allait s'adapter aux besoins de notre fils, et qu'il pourrait dans certaines matières comme les maths, le sport, les sciences… retrouver ses futurs anciens copains en suivant avec les CM1.

4

Cet été-là, Damien a continué ses séances d'orthophoniste, mais il avait perdu sa belle motivation, son enthousiasme. Je pensais que cela passerait, d'autant qu'il ne m'en parlait plus. « La fin justifie les moyens ». Durant les vacances, j'ai appris que le fils d'une amie, également dyslexique, avait évité le redoublement in extremis grâce à une spécialiste qui venait d'intégrer le centre médico-psychologique infantile de notre ville. J'ai donc tenté de prendre rendez-vous, mais, pendant les vacances, cette structure est fermée, et puis il faut obligatoirement prendre le premier rendez-vous avec le pédopsychiatre chef du service, afin qu'il détermine de la pertinence ou pas d'un bilan et, ou, d'un suivi. Dès la rentrée scolaire, je me suis attachée à obtenir ce fameux rendez-vous. Il a fallu que je mente à la secrétaire qui voulait mettre Damien et William en liste d'attente (environ six mois) en prétendant que j'avais téléphoné au printemps, et que l'on nous avait oubliés. Cette pauvre femme, qui devait manquer de rigueur dans l'organisation de ses plannings, a immédiatement trouvé une solution. C'est ainsi que nous avons rencontré le patron la semaine suivante, et il a décidé d'un bilan avec cette spécialiste, ainsi que d'un suivi avec une infirmière.

Nous avions donc, pour démarrer l'année, deux enfants redoublants, chacun avec deux séances d'orthophonies individuelles, une séance de groupe (chacun la sienne) ainsi qu'une séance avec un psycholinguiste et une avec une infirmière. Huit heures de rééducation par semaine en tout. Il est vite devenu évident qu'il n'était pas possible de rajouter une activité physique. Nous voulions que cette année de redoublement soit au maximum utile aux rééducations. Dès le début de l'année, l'infirmière qui avait été désignée comme référent des enfants m'a interpellée pour me parler du « mal être » de Damien qui lui raconte de façon récurrente son désir de passer en CM1. Après s'être rendue à l'école, elle a constaté l'évidence : il n'est pas possible, pour des problèmes d'effectif, que Damien intègre comme il le souhaite cette classe : trop d'élèves et une idée très négative de l'enseignant de l'intégration d'un enfant en difficulté. En ce qui concerne William, elle a beaucoup mis en évidence sa naissance et le traumatisme que cela avait entraîné pour moi. Elle m'a conseillé d'en parler avec mon fils et de lui dire que cela était la raison pour laquelle il me sentait toujours si inquiète envers lui. Elle m'a expliqué, entre autres, son comportement agité, car faire du bruit et se faire remarquer, c'est se prouver que l'on est vivant. Lui aussi en avait gardé un certain traumatisme.

J'ai profité de la pause des vacances de la Toussaint pour inscrire Damien dans un stage de cirque. Ce stage était parfait, car il ne durait que le temps des vacances et permettait à mon fils de faire un peu de sport, lui qui en avait tellement besoin. Damien a pris beaucoup de plaisir à suivre ce stage, et son bonheur m'a vraiment fait du bien. L'animateur du stage aussi a apprécié les qualités de Damien et il lui a dit qu'il n'aurait sûrement pas redoublé en sport. William, lui, est resté égal à lui-même, tantôt bon, tantôt provoc, et tantôt rien à faire.

Lorsque les bilans ont été finis, les résultats ont redonné un coup de tonus à Damien car il pourrait être en CM1. William, lui, est très intelligent mais très dyslexique. L'infirmière et la psy ont, devant moi, dit à Damien qu'en accord avec leur équipe, elles pensaient qu'il pouvait passer en CM1 mais que, compte tenu des effectifs de l'école du village, il faudrait, s'il était d'accord, qu'il change d'école. Un choix difficile. Changer d'école et de copains et passer en CM1 ou bien rester dans son école en CE2. Il a décidé de changer, surtout qu'elles lui ont proposé l'école du village voisin (là où il connaît bien d'autres enfants). Le double avantage du changement, et c'est d'ailleurs ce qui va être mis en avant, c'est de séparer Damien et William. En effet, ils sont frères, très proches en âge (vingt-deux mois), en classe, en dyslexie… Ils pourront mieux s'épanouir s'ils ne sont plus autant fusionnels. Le maire du village, rencontré par hasard, quelques jours plus tard, m'a dit qu'il ne s'opposerait pas au changement lorsqu'il aurait le certificat médical. Mais à la vue du coût que cela aurait pour la commune, il préférerait une école faisant partie de la Communauté de communes. Les subtilités des agendas et emplois du temps de chacun nous ont conduit jusqu'à la rentrée des vacances de Noël pour obtenir enfin le certificat indispensable pour les formalités administratives.

Première désillusion, l'école que me propose le CMPI [25] ne fait pas partie de la fameuse communauté. Celle qui en fait partie n'a pas des horaires

25. Centre Médico-Psychologique Infantile.

en adéquation avec notre emploi du temps. De plus, la configuration de la classe des CM1 ne correspond pas non plus avec ce qui est recherché pour le bien-être de Damien. Deuxième désillusion, les maires ont oublié de penser à l'intérêt des enfants pour se concentrer sur leur « politiquement correct ». En effet, selon les textes de loi en vigueur, avec le certificat médical signé du chef de service de pédopsychiatrie de la ville, et contresigné par le médecin-conseil de l'Inspection académique, un maire peut inscrire mon fils dans son école sans l'accord de son pair. Mais afin de préserver de bonnes relations intercommunales, il refuse de le faire. Pourtant, il m'a fait rencontrer le directeur ainsi que la maîtresse concernée, qui ont pris la peine de se consulter, de consulter également les cahiers de Damien et qui sont favorables à son inscription. Damien, lui, suit toutes ces négociations, et se demande si oui et quand on va enfin penser à lui.

Retournement de situation, une troisième mairie m'annonce que la loi étant ce qu'elle est, si je le décide, ils prennent Damien et que la mairie de mon village recevra la facture, contente ou pas. Depuis le début de ces négociations de marchands de tapis, Damien va de plus en plus mal. La psychomotricienne du centre lui fait faire de la relaxation, car elle le trouve très angoissé. Je tente une dernière négociation avec la mairie de mon village, mais c'est encore pire. Je tombe sur la secrétaire qui, d'une arrogance certaine, me dit qu'elle en a assez, que j'abuse car les dérogations concernent les handicapés... Je lui demande sa qualification pour juger le certificat, le ton monte, on raccroche. Damien est toujours d'accord pour changer et accepte la proposition de la troisième mairie. Je fais donc le nécessaire, mais l'administration, c'est l'administration : il rentrera après les vacances de Pâques. Il n'est plus possible d'intégrer correctement un CM1 au troisième trimestre, mais il va être dans une classe CE2/ CM1, c'est déjà ça. Ce troisième trimestre-là aura du mal à être battu dans la catégorie « emploi du temps de fou ».

5

Le neurologue qui avait testé Damien m'avait dit que certaines dyslexies pouvaient passer complètement inaperçues jusqu'en quatrième. Pierre, l'aîné, est en quatrième, il a toujours été un bon élève. Depuis le début de l'année, ses notes s'écroulent en français. Non, ce n'est pas possible, pas lui aussi… Je demande conseil auprès de l'orthophoniste qui suit William. Elle sourit, elle va lui faire passer quelques tests…

— Trois sur trois. Il y a des familles comme ça !

— Vous pouvez nous rejoindre dans mon bureau, il faut que l'on discute avec Pierre de la prise en charge, et s'il le souhaite, nous pouvons demander un tiers-temps pour le Brevet l'année prochaine.

La première réaction de Pierre a été un refus en bloc. Pas question d'informer ses profs, ni de tiers-temps, et pour une rééducation, cela dépend de quel jour ! Nous n'étions pas trop de deux pour réussir à le convaincre de la pertinence de dire à ses professeurs ses difficultés. Pour ce qui est d'une rééducation, nous avons convenu, tous les trois, qu'il n'y avait pas lieu de la mettre en place dans l'immédiat. Primo, c'est presque la fin de l'année et il n'y a pas de place en orthophonie ; secundo, puisque ses difficultés ne sont apparues qu'en quatrième et que jusque-là il n'a pas eu de problème particulier, nous pouvons espérer que ses futurs résultats en troisième ne seront pas mauvais. Reste à savoir avec quels professeurs se fera cette classe ; tertio, il vaut mieux avoir la possibilité d'un tiers-temps supplémentaire aux examens, quitte à ne pas l'utiliser, plutôt que le contraire.

Le problème avec un adolescent, c'est qu'il coopère difficilement s'il y a une contrainte. Que les séances de rééducation pour êtres bénéfiques demandent un investissement personnel important. Que ce n'est vraiment pas la meilleure période de la vie pour accepter d'être reconnu comme différent. Pourquoi et comment ai-je pu ne rien voir plus tôt ? Cette question restera en partie sans réponse. Je pense que les troubles occasionnés par la dyslexie, lorsqu'ils sont sévères comme pour les deux petits, sont tellement handicapants à l'apprentissage de la lecture où, et, au passage à l'écriture qu'il est assez facile de les détecter. Lorsque ces troubles sont modérés ou même légers, comme c'est le cas de Pierre, à moins de passer systématiquement des tests adaptés, la détection est plus difficile. Même dans une famille comme la nôtre, nous ne l'avions pas envisagé. Il aura fallu le lourd programme de quatrième, et les perturbations hormonales de l'adolescence pour que les résultats scolaires de Pierre chutent suffisamment et m'alertent.

6

Le jour de la rentrée dans la nouvelle école de Damien est enfin arrivé. Dans la voiture, ce matin-là, nous étions tous les deux, Damien et moi, très angoissés. Bien sûr, nous avions tous à la maison essayé de mettre en avant tout ce qui pouvait être positif mais il y avait tout de même une grande part d'incertitude due à la peur normale de ce qui est nouveau, et pour Damien la tristesse de quitter ses camarades. Depuis le début de l'année pourtant, il en avait eu des occasions de ne pas regretter ses copains, car il n'avait été invité à aucun anniversaire de ceux qui étaient passés dans la classe supérieure, et ceux avec lesquels il s'était retrouvé étaient avant tout des camarades de son frère, alors pour leurs fêtes, ils ne pensaient même pas à lui. Afin de ne pas avoir trop à surveiller dans la cour de récréation, il avait été instauré, quelques années auparavant, un tour d'occupation du préau par classe, ce qui fait que malgré les nombreuses demandes de Damien pour pouvoir jouer avec ceux de son âge et avec lesquels il jouait depuis la maternelle, pour ne pas créer de précédent il n'avait pas été possible de trouver un compromis. D'après le directeur, les enfants appréciaient tous de pouvoir jouer sous le préau, sans être mélangés avec des plus jeunes ou des plus vieux. Et pourquoi pas les filles et les garçons ? Les blancs et les noirs ?

Toujours est-il que le jour de reprise dans la nouvelle école, il était très anxieux, et moi j'avais du mal à ne pas l'être aussi. Nous étions volontairement un peu en avance, et lorsque nous nous sommes approchés du portail, le directeur est venu nous accueillir, il a souhaité la bienvenue à Damien en lui serrant la main. Ce geste franc et chaleureux a apaisé un peu nos inquiétudes et j'ai senti que mon fils était un peu moins tendu. Je sais qu'il ne sert à rien de s'éterniser, devant l'école, alors je suis repartie, le cœur serré, mais plein d'espoir…

Les semaines qui ont suivi ont confirmé ma première impression Le directeur avait pris à cœur de réussir l'intégration de Damien et son nouvel instituteur l'aidait de son mieux pour rattraper ses lacunes. Pourtant, il allait mal, la psychomotricienne consacrait toutes ses séances à la relaxation. À la maison, il essayait de donner l'illusion de… mais nous n'étions pas dupes. Il avait été prévu qu'il mange à la cantine. Dix kilomètres séparaient les deux écoles, et les horaires étaient les mêmes, alors cela nous était apparu comme une évidence. Très vite, il a commencé à me demander de rentrer pour déjeuner. Il avait l'air si triste. Après étude complète de tous les paramètres (horaires, embouteillages, kilomètres), nous en avons conclu que si Damien ne traînait pas pour sortir, et que si William était sage devant son école, nous pouvions y arriver. Nous y sommes arrivés ! Je n'ai jamais autant attendu les vacances d'été que cette année-là. J'étais fatiguée. Entre les trajets d'écoles et les rééducations, j'avais l'impression de passer tout mon temps, soit sur la route, soit assise dans une salle d'attente.

En règle générale, mes fils, et j'imagine que pour les autres enfants, ce doit être la même chose, ne restent que quelques minutes à attendre qu'on vienne les chercher pour leurs séances. Les parents eux, doivent attendre quarante ou quarante-cinq minutes que la porte s'ouvre à nouveau, annonçant la fin de l'attente. Pourtant ces endroits sont faits pour le confort des bambins (jeux, livres, etc.) il y a bien quelques magazines, mais il m'est arrivé de lire dans l'un d'eux l'annonce du décès d'une personnalité disparue depuis huit ans. Plusieurs fois, des thérapeutes bienveillants m'ont suggéré de profiter du calme pour me promener. Ce qu'ils ne doivent pas imaginer, c'est que le quartier, je le connais par cœur, je pourrais décrire les yeux fermés les rayons des magasins aux alentours. Aucune considération pour les parents dont je fais partie, qui ont des semaines harassantes, qui arrivent sans avoir eu le temps de prendre un café chez eux, et qui apprécieraient de trouver certes des poupées et des tracteurs mais également une machine à café et des nouvelles fraîches.

Certains enfants n'aiment pas raconter leurs journées. Les miens sont aussi comme cela. Un jour, à la fin d'une séance, je raccompagnais William à l'école, et je lui ai demandé comment cela s'était passé. Il m'a dit qu'il aimerait bien avoir droit à une vie privée. Quel aplomb ! Quel ingrat ! Il faut donc admettre, espérer et attendre, lorsque nos enfants sont pris en charge par des professionnels. Ce doit être cela, la solution pour tenir :

— Admettre que notre enfant ne correspond pas au standard de l'élève idéal ;

— Attendre que des gens formés et compétents vous expliquent comment fonctionne votre enfant et l'aident pour qu'il puisse intégrer l'école puis, plus tard le monde professionnel comme Monsieur Tout-le-monde.

Lorsque Pierre a remis à son professeur principal le certificat de l'orthophoniste qui détaillait sa dyslexie, en lui rappelant les aménagements prévus pour l'aider, cette enseignante lui a demandé combien nous avions payé pour avoir ce document ; et si c'était parce que la « flemmingite » n'était pas prise en compte par la Sécurité Sociale que l'orthophoniste avait remplacé le mot par dyslexie. Pierre m'a supplié de ne pas intervenir, sous le prétexte qu'il avait encore au moins une année entière à suivre les cours enseignés par cette femme, car elle est la seule dans cette matière dans le collège. Donc, malgré l'envie d'aller la trouver, je me suis résignée à attendre. Je savais que son professeur de français ainsi que celui d'allemand avaient prévu le redoublement, alors j'ai demandé l'avis de celui des mathématiques. Il a été très clair, pas question de redoubler pour Pierre, certes ses notes ne sont pas très bonnes, mais il a acquis le programme en mathématiques (qui est important en quatrième). Pour cet homme, il était évident que les devoirs de mon fils n'étaient pas à la hauteur de ses compétences constatées en classe. Il ne lui serait d'aucun bénéfice de refaire cette classe. L'orthophoniste ayant la même vision des choses à l'issue des tests, j'avais acquis la certitude que si la demande était faite, je devrais tenir bon pour obtenir son passage en troisième.

Le moment du bilan annuel est arrivé aussi, avec les membres du CMPI pour Damien et William. C'est avec un petit nœud à l'estomac que nous nous sommes rendus au centre. Pour Damien, la rééducation portait ses fruits, et malgré une année éprouvante, il avait réussi à tenir le bon cap. Donc pour l'année prochaine, il continuera à voir l'infirmière avec laquelle il a établi une bonne relation de confiance, ainsi que la psychomotricienne pour continuer à affiner le travail de cette année. Pour William, malgré quelques progrès constatés dans sa façon d'aborder le travail, elles pensent qu'il serait bon pour lui d'envisager de le scolariser dans un établissement spécialisé. J'ai vu un reportage sur cet établissement. Je ne pouvais pas nier la ressemblance qu'il y avait entre les enfants qui y étaient et mon fils. De toute façon, il est trop tard pour la prochaine rentrée de septembre car les places (vingt par an pour toute la France) sont attribuées depuis plusieurs mois déjà. Cela nous laisse toute une année scolaire, et qui sait peut-être, d'ici là… Nous sommes tous d'accord, il vaut mieux avoir à refuser, plutôt que le contraire, surtout que dans ce centre, il y a beaucoup de demandes. Mais cette institution est loin de la maison et ne fonctionne qu'en internat. Il faut parfois être raisonnable et réaliste. Puisqu'il n'existe que deux établissements spécialisés dans notre pays, c'est donc que pour certains enfants, c'est encore plus loin. Après tout, moi, il ne me faudrait qu'une heure, voire une heure et demie de voiture pour voir mon bonhomme au cas où ! Nous avons convenu qu'il n'était pas utile dans l'immédiat d'informer William de ce projet. Même dans l'hypothèse où cela aboutirait, nous avions toute une année scolaire avant l'échéance. Durant les deux jours qui ont suivi cette synthèse, j'ai eu beaucoup de peine à me faire entendre de William, il était très énervé et donc énervant… Après réflexion, j'ai réalisé que d'habitude, lorsque nous allions rencontrer quelqu'un pour discuter de ses difficultés, soit il était présent, soit nous lui en parlions au retour. Cette fois, il savait que nous y étions allés, mais ni son père ni moi n'avions abordé le sujet avec lui. Il était donc tout simplement inquiet. Nous avons donc décidé de le mettre au courant. Lorsque je lui ai expliqué que peut-être nous allions l'inscrire dans un établissement spécialisé pour les difficultés des dyslexiques, il m'a demandé quels étaient les métiers qu'il serait obligé de choisir dans cette école. Je lui ai répondu : « Aucun, puisque le programme ne dure que deux ans et qu'ensuite il faut revenir dans une école ordinaire, en sachant travailler comme les autres. » Il m'a dit alors : « Je veux y aller. »

Un déclic, un tout petit déclic, voilà ce qu'il nous faut pour l'année prochaine. Après tout, William n'est pas plus bête que les autres enfants, et les autres savent lire. Et savoir lire correctement, c'est ce qu'il lui manque. Depuis qu'il fait ses devoirs avec son père, il les fait mieux, peu importe de savoir si c'est parce que son père est plus représentatif de l'autorité, ou bien que William se sent reconnu et fier de partager un moment seul avec son papa (même des devoirs). Nous étions tous les deux arrivés à un point tel que je ne supportais plus de le voir souffrir devant un mot et que j'anticipais tellement que, parfois, je faisais presque ses devoirs à sa place, ou peut-être que comme tous les deux ont cette particularité de fonctionnement des dyslexiques, ils sont comme on dit sur la même longueur d'onde face aux devoirs. Hélas son papa n'est pas souvent présent ! Cette expérience ne s'est pas pérennisée.

Le bulletin du troisième trimestre de quatrième de Pierre est arrivé et c'est sans grande surprise que j'ai constaté que les professeurs préconisaient le redoublement. La moyenne générale du trimestre était égale à celle de l'année soit, 10,30/20. Ni bon, ni mauvais, juste moyen mais pas si mal que ça si on approfondit et que l'on voit les 2,40/20 en français et 4,40/20 en allemand. Nous avons donc été invités par le proviseur afin de décider avec lui de la pertinence du redoublement. J'ai été agréablement surprise par l'accueil bienveillant et lucide qui nous a été fait. Finalement, nos points de vue étaient les mêmes et puisque Pierre n'envisage pas pour la suite des études universitaires littéraires mais qu'il souhaite se diriger vers un BAC [26] professionnel, le proviseur ne considère pas lui non plus que le redoublement est la meilleure solution. Nous officialisons le passage en troisième. L'anecdote de cette rencontre est que peut-être, lorsque le proviseur, intrigué par les moyennes en langues (français : 2.40, vivante 1 : allemand 4.40 et vivante 2 anglais : 12.50), a demandé :

— Quelle est sa langue maternelle ?

— Tu es nul en allemand mais tu es encore plus mauvais en français.

Nous avons tous souri. Mais la question est finalement essentielle, et elle prouve si besoin est que chez un dyslexique, la langue maternelle n'est pas vraiment le français. Tout le travail pour les autres est de comprendre cela et de l'accepter. En ce

26. Baccalauréat : premier grade universitaire.

qui concerne l'allemand et l'anglais, la solution au problème est la même. C'est une question de personne. Avec l'une, il accroche et aime apprendre, avec l'autre il n'accroche pas et ne supporte pas ses remarques humiliantes. Pourtant, il revient d'un voyage en Allemagne, et je sais que lorsqu'il s'est retrouvé en situation de vie quotidienne, il n'a pas rencontré de difficultés majeures pour comprendre et se faire comprendre des gens qui l'avaient accueilli. La conclusion d'une maman optimiste et qui veut le rester, c'est que tout n'est pas perdu et tout n'est pas écrit sur un bulletin de notes. Certes, il n'aura probablement jamais une bonne moyenne au collège avec ce professeur mais un jour, plus tard, si dans sa vie il en a besoin, il aura des compétences et malgré tout, des bases pour communiquer en allemand.

Pour William, je me suis surprise à penser que le fameux déclic se ferait pourquoi pas avant la fin de cette année, et que l'on pourrait profiter des vacances pour affiner la lecture. Que nenni, cela était sans compter sur la valse des remplaçants de l'Éducation nationale. En effet, son maître s'est absenté pour un stage, puis pour maladie et les conséquences pour les élèves ont été désastreuses car personne le matin, en arrivant devant l'école, ne savait s'il y avait un remplaçant, et s'il y en avait un, parfois ce n'était que pour le matin. Si je pense qu'il serait déplacé de ma part de commenter le peu de motivation de certains de ces enseignants parachutés par hasard dans une classe pour quelques heures ou quelques jours, c'est parce que parfois, et cela a été le cas pour William, il se passe une vraie rencontre. C'était une toute jeune enseignante. Certains parents d'élèves m'ont dit qu'elle était encore en formation. C'est peut-être pour cela qu'elle était aussi attentive envers les enfants. Toujours est-il que, très rapidement, elle m'a fait passer un mot sur le cahier de correspondance, me demandant de la rencontrer. Elle avait constaté que les jours où William arrivait en classe au milieu d'une leçon après une séance de rééducation, il avait l'air triste et honteux. Elle avait également remarqué que très souvent ces jours-là, il était impliqué dans une dispute ou une bagarre aux récréations. Chose très importante aussi, elle était convaincue de ses capacités, car lorsqu'elle voyait qu'il n'avait pas écrit un exercice, elle se servait de lui pour expliquer la correction aux autres. Ce qui était sans appel sur ses acquis, dont elle ne manquait pas de le féliciter. Elle était très optimiste sur son avenir et me conseilla de ne pas trop m'inquiéter en attendant le déblocage de la lecture. J'avais constaté le nouvel enthousiasme de mon fils envers l'école, et je venais d'en comprendre la raison.

Enfin un regard positif ! Enfin quelqu'un qui ne punit pas systématiquement sans essayer de comprendre et surtout enfin quelqu'un qui tente de valoriser tous les élèves ! Ce qui devrait être la base de l'enseignement est un peu trop l'exception : l'école est faite pour réussir. Tous les enfants peuvent réussir quelque chose et doivent être valorisés sur leurs points forts au lieu d'être enfoncés sans cesse sur leurs points faibles.

Le bilan du trimestre effectué par Damien dans sa nouvelle école était somme toute bien moyen. Son instituteur avait fait de son mieux pour l'aider à rattraper le niveau de la classe, mais comme il disait :

— Il traîne beaucoup de casseroles !

Il avait constaté toute la bonne volonté que Damien donnait dans son travail, mais cela n'avait pas été suffisant. Il nous avait demandé de profiter des vacances pour faire les exercices du manuel de français. La quantité en était assez importante. Elle représentait les deux trimestres de travail faits par les autres élèves, ceux qui n'avaient pas de difficultés. Nous étions, Damien et moi, pourtant à cet instant fermement décidés à passer un été au charbon. Toutes les prises en charge ne s'arrêtent pas avec les vacances scolaires, alors j'avais imaginé qu'au mois de juillet, nous continuerions les rééducations et qu'au mois d'août, nous ferions des devoirs. J'avais oublié de penser que nous en avions tous ras-le- bol. Nous avons loué une maison au bord de la mer. Adieu lecture, écriture, orthographe, conjugaison, grammaire et allemand et bonjour le soleil et la mer… La vie!

7

Pour me déculpabiliser de ce mois d'août si flemmard et agréable, je dirai que cela faisait dix mois que les enfants avaient un emploi du temps de ministre, alors zut, on relâche et l'on profite ; après tout il serait utopique de penser que nous pouvions tout rattraper en un mois. Et puis je ne suis ni leur enseignante ni leur orthophoniste, juste leur mère et je peux difficilement mener à bien en quelques semaines ce qu'un pédagogue professionnel n'a pas réussi en plusieurs mois. À l'école du village, nous avions voté à l'unanimité pour que les enfants fassent la semaine des quatre jours. Donc William devait reprendre l'école le 26 août et Damien le 2 septembre. Je dois reconnaître que plus l'échéance approchait, plus j'étais angoissée à l'idée de devoir tenir une année scolaire avec encore le rythme fou du troisième trimestre dernier. À mesure que les jours passaient, je me confortais dans la certitude que cela serait désastreux pour la famille et qu'il me fallait avouer le projet qui mûrissait doucement dans ma tête: réinscrire Damien dans l'école du village. C'est mon mari qui a eu la primeur de mes explications:

— Souvent Damien arrive juste à l'heure à l'école, et il râle car ça le fait remarquer.

— Avec William qui va faire la semaine des quatre jours et lui celle de cinq jours, il sera le seul de la famille à aller à l'école le samedi matin, et je pense que cela fera rapidement grincer des dents de se dépêcher au réveil pendant que ses frères dorment ou traînent devant leurs céréales.

— Il fallait le séparer de William. Mais cette année William doit partir dans son institut. S'il reste cela voudra dire que ses problèmes auront régressé et donc leur cohabitation en classe sera plus facile.

— Je sais que ses anciens copains lui manquent, et pendant la période de grève qui a été particulièrement bien suivie dans sa nouvelle école, il venait avec moi accompagner son frère et il avait les larmes aux yeux en regardant la cour.

— La quasi-totalité de l'équipe enseignante change au village, alors pourquoi ne pas se laisser aller à l'optimisme, en pensant que les nouveaux enseignants auront moins de préjugés.

— Je me fiche aujourd'hui complètement du qu'en-dira-t-on et je n'autorise personne à me juger sur ce choix, car après tout c'est moi seule qui me débrouille tous les jours pour assurer. Je fais de mon mieux, mais là je sais que cela va être trop compliqué. Personne ne veut manger à la cantine, et, un jour, on va se retrouver à manger un sandwich dans les embouteillages.

À la fin de ma tirade, j'ai compris que mon mari était de mon avis. Comme toujours de toute façon car, concernant l'éducation et la scolarité des enfants, il se reposait sur moi. Il ne me restait plus qu'à savoir ce que notre fils allait en penser. Lorsque j'ai dit à Damien que je devais lui parler sérieusement, il s'est assis à côté de moi et le miracle a eu lieu. J'ai à peine eu le temps de lui dire que j'allais lui parler de l'école qu'il me répondit :

— C'est vrai, j'ai le droit de revenir dans mon école ?

Il est génial ce petit.

Nous étions le 24 août, et la rentrée était prévue le 26. La chance a été au rendez-vous car je n'ai eu cette fois à faire qu'à des gens motivés et intelligents. C'est ainsi que le 26 au matin, sans courir ni se stresser au réveil, les deux garçons sont allés à l'école. Chacun dans sa classe, mais de nouveau dans la même école. Aucun de ses copains n'a été étonné, et pour cause, la veille, Damien avait fait le tour de ceux qu'il aimait bien pour le leur dire. Ce qui me rassurait dans le fait que cela lui faisait vraiment plaisir. La grande résolution de la rentrée des classes a été de laisser les garçons reprendre une activité extra-scolaire. Même si notre emploi du temps est déjà bien rempli, nous allons y ajouter des heures pour nous faire plaisir.

C'est sans grande surprise que William a demandé à apprendre le piano. En fait, cela fait trois ans qu'il me le réclame. C'est décidé, je vais me renseigner. Pierre, lui, va intégrer l'école des jeunes sapeurs-pompiers, ce qui va l'occuper deux samedis après-midi par mois, et il souhaite apprendre la guitare et refaire du rugby. Damien veut continuer le saxophone, tant mieux car c'est sa deuxième année, et il commence à bien jouer. Il souhaiterait aussi refaire, pendant les vacances scolaires, un stage de cirque.

Lorsque Damien a commencé à pratiquer le saxophone, c'était en partie parce que l'on m'avait dit que cela lui ferait beaucoup de bien, tant au niveau de la concentration qu'au niveau de la lecture : et pour cause, s'il inverse deux notes, il entend tout de suite le résultat. Heureusement, sa dyslexie n'est pas ressortie dans le solfège. Il a apporté un jour son saxo à l'école, les autres enfants ont été conquis, alors forcément il veut persévérer. C'est donc une maman rassurée et sereine qui a inscrit ses deux autres enfants dans une école de musique : le grand à la guitare et le petit au piano. Tous les deux ont eu la chance d'avoir des professeurs avec lesquels le contact est vraiment bien passé. Pierre apprend avec acharnement ses accords, et commence à trouver d'assez jolis sons. William, lui, fidèle à lui-même, se distingue encore une fois. Un soir, je lui ai demandé s'il avait bien travaillé le petit morceau qu'il devait apprendre pour la semaine suivante. Il m'a répondu qu'il le connaissait déjà par cœur et qu'il en avait écrit un autre. Comme moi, je ne suis pas du tout musicienne, j'ai attendu la leçon suivante pour connaître l'opinion de son professeur : elle a trouvé cela très bien. William est ravi. Son prof aussi, c'est bien, enfin une activité qui le valorise un peu.

Ma première désillusion de cette rentrée a été au cours de la réunion d'information organisée par la nouvelle maîtresse de William. Pour des raisons d'effectif, les élèves de CE2 ont été partagés dans deux classes, une avec les élèves de CP et l'autre, dont mon fils fait partie, avec les élèves de CE1. Le découpage s'est fait en fonction des dates de naissance, mais quoi qu'il en soit, son groupe se trouve être celui qui a le niveau le plus faible. Sa maîtresse nous a donc informés ce jour-là que toute sa classe suivait en français le programme des CE1. Je ne veux pas me bercer d'illusions, et je connais les difficultés de mon fils, mais je ne m'y habitue pas. Si on considère qu'il vient de redoubler ce niveau, on comprend vite que cela fera peut-être pour lui trois années d'inertie en CE1. Évidemment, je sais bien que pour l'instant cela est mieux pour lui. Il a beaucoup trop de difficultés en lecture pour espérer qu'il en soit autrement, mais le fait de l'entendre encore, une fois de plus, est très douloureux. Durant cette même réunion, j'ai eu aussi un élan de colère lorsqu'un papa s'est offensé d'apprendre que normalement, dans le programme, il était prévu de l'informatique. Pour cet homme, il était inconcevable que les enfants fassent autre chose que de la bonne vieille lecture. Je me suis permis d'intervenir pour dire que l'informatique était un outil moderne et aujourd'hui incontournable et qu'il était bon pour les enfants de savoir l'utiliser et que cela faisait partie des autres matières, celles qui permettent de valoriser des enfants qui ne le seraient pas autrement. Le sujet, à mon grand désespoir, a été clos. Car dans notre école, les moyens en informatique sont insuffisants et ne permettent pas d'intégrer cette matière de façon régulière. J'aurais aimé que ce papa réalise que l'ordinateur n'est pas incompatible avec la lecture, bien au contraire. Pour certains enfants, un écran fait moins peur qu'un livre, et le côté ludique des programmes informatiques pourrait même apprivoiser ceux qui sont récalcitrants aux livres.

Je pense que le programme tel qu'il existe aujourd'hui à l'école primaire est absurde. Il serait plus profitable aux écoliers d'affronter le collège en maîtrisant correctement les bases du français et des mathématiques :

- Toutes les autres matières sont reprises au collège. Les journées d'écoliers seraient ainsi certainement plus courtes. Les enfants les plus fatigables auraient ainsi moins de difficultés ;
- Le temps libre pourrait être aménagé selon les désirs et les capacités de chacun (rééducations, sports, culture...)

La maîtresse, qui était sur le point de prendre un congé maternité, nous a ensuite informés que l'inspecteur d'académie avait prévu et organisé son remplacement de façon tout à fait satisfaisante, puisque les enfants auraient une remplaçante unique pour toute sa période d'absence. Ce sera donc mon grand espoir pour ce début d'année. Ne pas faire revivre aux enfants la valse des remplaçants. Et puis une maîtresse plus une remplaçante, cela fait deux chances que le « déclic » se fasse, car j'ai depuis longtemps l'intime conviction que les difficultés de William s'atténueront considérablement le jour où il aura suffisamment confiance en lui pour oser lire et écrire malgré sa dyslexie. Mais il ne pourra avoir confiance en lui que lorsqu'il sentira qu'il n'est plus présumé mauvais. Peut-être cette année ? Pour présenter son dossier de candidature dans la fameuse école spécialisée, il manque deux ou trois bilans. Donc en ce début d'année, il faut aussi, en plus, de la rééducation normale, trouver le temps de passer ces bilans. William coopère bien, il a l'air motivé.

Damien, lui, est tellement content d'avoir retrouvé ses repères que son bonheur me ferait presque oublier ses problèmes. Mon plus gros souci avec lui est qu'il ne se plaint jamais. Rien dans son comportement lorsqu'il part ou revient de l'école ne trahit sa sérénité. Pourtant, chaque fois que je l'écoute lire, ou bien que je regarde ses cahiers et tout particulièrement son agenda, je vois bien que le chemin qu'il nous reste, avant de pouvoir dire qu'il a surmonté ses difficultés, est encore long. L'ensemble des thérapeutes qui travaillent avec lui ont pourtant l'air satisfait. Lui, il rayonne. Alors est-ce moi qui dramatise, ou bien est-ce que je connais trop bien mon fils pour savoir qu'il est capable de prendre sur lui, au point de duper tout le monde?... Est-il vraiment passé maître dans l'art de la comédie pour pouvoir enfin être à l'école comme tout le monde? Il faut aussi considérer que la plus grande qualité de Damien est l'altruisme. Il a toujours du mal à se plaindre des autres. Heureusement, je sens que son instituteur est quelqu'un de vigilant, et je n'ai pour l'instant pas d'autre choix que celui de faire confiance.

Toujours cette fameuse confiance envers les professionnels. Certains jours, il faut bien le reconnaître, cela est reposant de pouvoir déléguer les difficultés, mais d'autres jours, c'est tellement frustrant de devoir rester spectateur alors que son enfant est en souffrance et doit faire face à tant d'obstacles. Je me rassure en me disant que lorsque mes enfants seront devenus des hommes, ils seront sûrement plus prêts que d'autres à affronter les embûches que la vie réserve parfois. Il ne faut jamais perdre de vue qu'avec la dyslexie, comme avec d'autres difficultés d'ailleurs, selon qui l'on est, et suivant ses objectifs personnels ou professionnels, la vision des choses est subjective. Mes enfants, ils sont comme ça, ils se rendent compte que la plupart de leurs camarades n'ont pas le même système de fonctionnement qu'eux, et nous les adultes nous leur avons expliqué qu'il fallait qu'ils apprennent des astuces et des techniques pour pouvoir faire comme les autres. Pour moi, à force de voir la détresse de mes enfants, de rencontrer les spécialistes qui les ont testés et qui ont mis un mot pour synthétiser la situation, j'essaie de comprendre qu'ils ne fonctionnent pas comme moi, et souvent à défaut de comprendre, j'admets. Pour les enseignants, et je l'ai bien vu lorsque je suis allée réinscrire Damien à l'école et que j'ai parlé de la dyslexie avec le directeur, il m'a répondu de ne pas m'en faire, que s'ils étaient dyslexiques, ils auraient un soutien adapté. Ce fameux « si » de sa part est après tout normal, il ne les connaissait pas. Mais pour moi qui vis cette situation depuis tant de temps, je les ai accompagnés à tant de bilans, chez tant de spécialistes, pour toujours entendre en conclusion le même diagnostic. Pour moi qui rêvais et espérais que mes enfants feraient une scolarité belle et sans accrocs, au temps où j'ignorais ce qu'était la dyslexie, pour moi donc, cela est presque insupportable d'entendre « si » devant le mot dyslexie. Et pourtant je le comprends. Une maîtresse m'a dit un jour que c'était « à la mode aujourd'hui, dès qu'un enfant rencontre des difficultés scolaires, on le dit dyslexique ». Je n'ai rien répondu ce jour-là, face à tant d'ignorance et de préjugés de la part de quelqu'un censé transmettre le savoir : il n'y avait rien à répondre. Cette enseignante est désormais à la retraite et c'est tant mieux pour les enfants. C'est monstrueux de comparer la dyslexie avec la mode. Dans la mode pour moi, il y a une notion de plaisir, et qui pourrait prendre du plaisir à accompagner ses enfants sur le long chemin qui commence par la moquerie et les brimades, pour ensuite continuer en séances de rééducations, souvent pendant plusieurs années, et qui parfois lorsqu'ils reviennent à l'école profitent du temps où les autres sont en récréation pour rattraper le travail que la classe a fait pendant leur absence ?

J'ai une façon bien à moi de voir les enfants dyslexiques. Ce sont des enfants dotés d'une intelligence rare et brute, un peu comme un bijou, et s'ils en étaient un, ce serait sans hésiter un diamant. Et de la même manière qu'il faut à un diamant un artisan de talent pour lui donner toute sa splendeur, il faut des enseignants avec des grandes qualités humaines pour les aider à s'épanouir et apprendre. Un diamant bien taillé peut devenir une vraie merveille mais il peut aussi perdre tout son éclat et sa valeur si le travail du diamantaire est mal fait. En effet, j'ai appris qu'une étude menée auprès de jeunes délinquants avait mis en évidence qu'une grande majorité d'entre eux étaient dyslexiques. Tous avaient probablement, à force d'échecs, abandonné le système scolaire et mis leur intelligence dans une direction moins conventionnelle. À la même époque, j'ai découvert une liste de personnalités qui étaient dyslexiques. J'ai été frappée par la quantité de chefs d'états ou militaires, par le pourcentage de scientifiques et aussi par le nombre d'artistes dans toutes les catégories d'art. Preuve s'il en est que les parents qui découvrent cette particularité chez leurs enfants ne doivent pas baisser les bras, et qu'il y a une vraie lumière après le long tunnel de l'école et de la rééducation. Pour être réaliste, il n'est pas question pour moi, comme pour d'autres parents concernés ou pas par la dyslexie, de choisir l'avenir de nos enfants. Mais nous devons leur donner la possibilité de trouver leurs voies pour s'épanouir au mieux dans notre société.

8

En ce début d'année scolaire, je constate que les débats télévisés sur « l'école » sont nombreux. Certes, je ne suis pas sûre de les avoir tous suivis, mais j'en ai pourtant regardé plusieurs. Si beaucoup de questions soulevées concernent les difficultés en lecture ou l'illettrisme, je n'ai jamais entendu parler de dyslexie. Comme si le mot était soit tabou soit totalement ignoré. Bien sûr que la dyslexie peut conduire à l'illettrisme. Mais comment toutes ces personnes, avec toute leur instruction, peuvent s'imaginer trouver un remède pour soigner un symptôme si elles ne prennent pas la peine de prendre en considération (pour une grande majorité des élèves concernés) l'origine du trouble ? Ou bien, serait-ce simplement une question d'argent ? Reconnaître les dyslexiques dans toutes leurs particularités sans créer des moyens humains et matériels pour les aider serait reconnaître une incompétence, alors il est mieux de les ignorer.

Mais en ce début d'année scolaire, la priorité est de veiller à ce que mes bonshommes prennent un bon départ, l'urgence étant la perspective du Brevet pour Pierre à la fin de l'année. Pour que tout se passe au mieux, je demande un rendez-vous avec son nouveau professeur de français. J'ai expliqué la nature des difficultés de mon fils, et la possibilité de faire intervenir une orthophoniste si besoin était. Le professeur m'a dit que pour l'instant elle n'en voyait pas la nécessité, mais que le cas échéant, elle me le ferait savoir. Qu'en tout état de cause, elle serait vigilante. Je n'ai hélas pas eu le loisir de me réjouir trop longtemps de cette rencontre car les premières notes de Pierre sont loin d'être rassurantes, et les premiers mots dans son carnet de correspondance sont de plus en plus réguliers. Ceux provenant de son professeur d'allemand ne me surprennent plus. Mais une demande de rendez-vous en urgence de la part de son professeur de mathématiques, ça, c'est nouveau et inquiétant. Pierre m'explique qu'il s'est trompé dans ses devoirs. Il a fait cinq exercices à la place de trois, mais dans d'autres pages qui n'avaient rien à voir avec celles demandées. Il me dit qu'il ne s'explique pas son erreur. Il me dit aussi que ce qu'il a fait est plus long et plus compliqué que ce qu'il aurait dû faire, et que c'est bien la preuve qu'il ne l'a pas fait exprès. Le matin du rendez-vous, il me demande de me préparer au pire, car il est persuadé que sa prof a une très mauvaise image de lui, et qu'elle va le sacquer. Je rencontre en fait une femme chaleureuse et inquiète pour Pierre. Elle a consulté son dossier, elle veut alléger ses contrôles d'une question afin de lui laisser plus de temps pour s'appliquer. Elle reconnaît ses capacités, malgré les erreurs qu'il fait parfois. Elle me dit qu'elle va lui confirmer qu'elle ne l'a pas pris en grippe pour qu'il puisse se sentir plus en confiance dans sa classe. Il a beau être désormais plus grand que moi, avoir la voix grave et du poil au menton, il n'a que quatorze ans et il a besoin d'être rassuré. Parfois même il en a plus besoin que les petits. Vive l'adolescence…

Le lendemain, à l'heure de la séance de rééducation orthophonique de Damien, c'est moi qui suis rentrée dans le bureau, lui, il est resté dans la salle d'attente. J'avais besoin de faire le point avec l'orthophoniste. Je lui ai expliqué que je trouvais Damien un peu trop enthousiaste… Elle m'a dit qu'elle, qui le connaissait assez bien également, faisait le même constat. Nous devions donc rester vigilantes, mais pourtant cela était assez positif, car cela prouvait sa faculté d'adaptation : « elle lui servira dans sa vie ». Je lui ai demandé son avis, car j'ai le sentiment qu'il n'arrive pas à exploiter toutes les astuces et les techniques qu'il apprend. Elle m'a expliqué que pour l'instant Damien n'applique pas de façon systématique ce qu'il apprend, mais que c'est assez normal, compte tenu de son âge. Il sait se corriger lorsqu'il se relit et qu'il est attentif. Cela prouve qu'il est sur la bonne voie. Il faut attendre une certaine maturité pour que de lui-même il puisse gérer avec chaque difficulté la technique correspondante. Cet effort intellectuel, constant, explique la fatigabilité de ces enfants, surtout au primaire, là où ils ne doivent en plus pas prendre de retard sur les apprentissages fondamentaux.

William, lui, est en plein bilan d'évaluation national. Les fameux tests de CE2 destinés à connaître le niveau de tous les enfants. Un soir, en venant chercher les enfants à la sortie de l'école, mon regard croise celui de sa maîtresse. Je la pressens disponible, alors je m'approche pour lui demander comment se passe cette évaluation pour mon fils.

— Catastrophique, il ne fait aucun effort, en plus il a manqué des épreuves car il était chez l'orthophoniste, et il pleurniche car il ne veut pas les rattraper pendant les récréations.

Je suis repartie, une fois de plus, accablée. Je voulais tellement croire que cela se passait bien, que je m'en étais persuadée. Plus tard dans la soirée, je réalisais que finalement tout cela était normal, et qu'il allait falloir que je retourne à l'école pour revoir la maîtresse et le lui expliquer. Avant de rencontrer cette dernière, je demande l'avis de l'orthophoniste. Elle confirme mon opinion :

— Il ne peut pas encore lire seul, donc il est encore trop handicapé dans ce genre d'épreuve.

— Lorsqu'il revient des séances de rééducation, il a fourni un gros effort de concentration, et il a, au moins autant sinon plus, besoin que les autres du temps de décompression qu'est la récréation.

— Il existe d'autres solutions pour lui faire rattraper les épreuves, par exemple avec l'intervention d'un membre du réseau d'aides qui officient dans l'école.

Lorsque le lendemain, je suis retournée à l'école, fermement décidée à donner mon point de vue et à obtenir un peu plus de souplesse de la part de la maîtresse vis-à-vis de William, elle n'était plus là. Elle venait de prendre son congé maternité. Ne sachant pas qui était sa remplaçante, je me suis dirigée vers le directeur, afin de lui soumettre le problème de William. Je lui glissai le plus habilement possible afin de ne pas le froisser, les solutions qui me semblaient les plus adaptées. Il ne faut jamais oublier lorsque l'on rencontre un enseignant que c'est lui le pédagogue. Le résultat de cette rencontre a été, comme je le pressentais, très positif.

— Ne vous inquiétez pas, nous allons trouver une solution adaptée.

Lorsque nous sommes parents d'un enfant original, il ne faut jamais rester très loin de l'école. La confiance en l'enseignant doit toujours être modérée. Les grandes théories de pédagogie sont souvent mises à mal. S'il est exagéré de parler de malveillance, il ne l'est pas à mon sens de parler des maladresses qui finissent par décourager les enfants. Le plus difficile pour un enfant dyslexique est toujours de trouver et de garder une bonne motivation, son chemin d'écolier étant souvent un chemin de croix. Pourtant, la plus grande partie des erreurs que les enseignants commettent dans ce domaine sont très compréhensibles. Ils n'ont, pour la plupart, jamais entendu parler de la dyslexie durant leur formation. Une des tâches des parents est donc de les informer sans les froisser.

Quelques jours plus tard, dans le cahier de William, je trouve une convocation pour me donner les résultats définitifs de ces fameux bilans. Dire que j'étais angoissée en me rendant à ce rendez-vous serait un euphémisme. En réalité j'étais l'angoisse incarnée. Impossible, malgré mes efforts, de considérer cette année comme une année scolaire ordinaire. L'évidence des conséquences de la réussite ou de l'échec de William cette année, et son hypothétique départ en internat l'an prochain sont toujours présents dans ma tête. Dès les premières minutes de conversation avec la nouvelle maîtresse, je compris qu'elle était perspicace. Elle avait assez bien cerné la personnalité de mon fils et peut-être aussi la mienne. Elle me dit qu'elle a beaucoup réfléchi à la façon de me présenter les mauvais résultats sur le papier, alors qu'elle a constaté ses compétences et ses acquis à l'oral. Elle a vu la forêt cachée derrière l'arbre. Sans aucun doute, c'est la deuxième fois depuis le début de la vie scolaire de mon fils que cela nous arrive. Cela me fait un bien énorme. Je suis plus confiante, même si j'ai toujours un peu peur, et que je sais qu'il ne faut pas se réjouir trop vite. William n'est pas dans les yeux de sa maîtresse le vilain petit canard. Je comprends pourquoi il m'a dit, il y a quelques jours, qu'il était content d'aller à l'école.

Quelques jours avant les vacances de la Toussaint, j'ai reçu une convocation du principal du collège de Pierre concernant un projet d'accueil individualisé, en vue de lui accorder un tiers-temps supplémentaire pour le Brevet. J'apprends que, outre le principal, il y aura certainement le médecin scolaire et le professeur principal, mais qu'il ne faut pas que je me fasse d'illusion : le tiers-temps est très loin d'être accordé d'office. Je croyais naïvement qu'il avait été prévu par le législateur pour tous les dyslexiques. Il semble même que dans certains départements, il soit refusé de façon quasi systématique. Bizarrement, aucun de mes enfants n'a jamais bénéficié d'un projet d'accueil individualisé communément appelé PAI. Je demande donc au directeur de l'école de bien vouloir m'expliquer de quoi il retourne. J'apprends qu'il s'agit d'une réunion où les enseignants, les administratifs, les soignants et les parents tentent d'accorder leurs violons, ce qui permet de considérer l'enfant dans sa globalité. J'apprends également que probablement Damien et William devraient en bénéficier, mais qu'au sein de l'école, il n'y en aura que trois, car seuls les enfants ayant des prises en charges pluridisciplinaires durant le temps scolaire y ont droit. Paraît-il que cette année, les enfants qui vont seulement chez une orthophoniste ne rentrent pas dans le cadre d'un PAI. Est-ce une façon de faire baisser les statistiques, afin de nier un peu plus la réalité de la dyslexie? Une personne avertie me conseille d'être particulièrement vigilante, car il y a beaucoup d'enfants qui bénéficiaient de PAI et auxquels il a été proposé des orientations en voie de garage.

Certaines sources de l'Éducation nationale considèrent qu'il n'y a pas plus de 2 ou 3 % de dyslexiques. Forcément, avec un gros obscurantisme et en faisant dégager du milieu les plus gênants, il est facile de faire baisser les statistiques et de faire par là même, l'économie de l'humilité de ne pas les avoirs vus, et l'économie financière de ne pas créer de moyens pour les aider. Pourtant, en l'espèce, je suis confiante. Les soignants pourront expliquer aux enseignants tout ce que j'essaie de leur dire, mais avec plus de crédibilité, car ils sont, comme eux, des professionnels. En ce qui concerne les orientations, si un jour la question se pose, je serai là. Mais à chaque jour suffit sa peine, et ce n'est pas la préoccupation de Damien ni celle de William pour l'instant. Je trouve surprenant le décalage des PAI proposés au primaire et au secondaire. Pierre n'a aucune prise en charge. On verra bien à la rentrée, pour l'instant nous allons savourer les vacances. Comme à l'accoutumée, les vacances sont pour moi une résurrection. Je peux pour quelques jours retrouver mes enfants comme de simples enfants et oublier pour un temps nos difficultés. Il y a bien quelques devoirs à faire, mais la première semaine, nous allons les oublier.

9

C'est William qui en a eu le plus, alors tous les deux nous décidons de les étaler sur plusieurs jours. Les maths en premier et la dictée à la fin. Sa grande fierté a été de calculer les opérations plus vite que moi. Je ne comprends rien à ses techniques, mais elles fonctionnent. Il était en train de calculer à haute voix, lorsque Pierre est arrivé près de nous et lui a parlé des puissances. Fasciné, il nous a suppliés de lui expliquer ce dont il s'agissait. Nous avons fini par céder et il a passé le reste de la soirée à chercher des puissances et des racines carrées. Le lendemain par contre, journée de lecture, ses difficultés m'ont rejailli en pleine figure car il ne sait toujours pas lire. Les diverses leçons de grammaire, sciences ou histoire ne lui ont posé aucun problème, il les connaissait par cœur. La préparation de la dictée, nous l'avons faite chez papi et mamie, chez qui nous étions pour finir nos vacances. Essayer de faire retenir l'orthographe de mots à William est toujours difficile mais c'est un sport auquel je me suis habituée. Ce à quoi je ne suis pas habituée, c'est la présence dans ces moments-là de ma maman, attentive dans la pièce à côté. Le temps qu'il nous faut pour venir à bout de chaque mot se calcule en longues minutes, durant lesquelles il faut trouver une astuce mnémotechnique qui pourra aider William. Lorsque ce jour-là, nous en sommes enfin venus à bout, j'ai vu ma mère nous regarder d'un air circonspect, et elle m'a dit que si cela se passait toujours ainsi, j'avais bien gagné ma place au paradis ! Entendre la reconnaissance de mes efforts et de mon investissement pour aider mes enfants de la part de ma maman m'a donné encore plus de courage pour continuer le combat. Je crois que chaque être humain a besoin de se sentir apprécié et reconnu dans ses efforts lorsqu'il relève un défi. Moi, en tant que maman, je me suis rendue compte ce jour-là à quel point la reconnaissance de ma mère était importante. J'étais donc plus prête que jamais à affronter cette nouvelle reprise d'école.

Le moment de la réunion pour le projet de Pierre est arrivé. Le principal adjoint m'a présenté toutes les personnes présentes. Il m'a tendu une feuille afin que j'y note mes coordonnées ainsi que le prénom et la classe de mon fils. J'aurais voulu m'appliquer mais probablement parce que je devais être plus stressée que je ne l'aurais souhaitée, mon écriture était tremblante. Finalement, peu m'importe que mon écriture ne soit pas trop lisible, c'est la quatrième année que Pierre est dans cet établissement, j'espère donc qu'ils connaissent nos coordonnées. Quoi qu'il en soit, je me suis retrouvée une fois de plus en train d'expliquer quels étaient les symptômes de la dyslexie de mon fils. C'est un peu le monde à l'envers, car ils m'ont fait remarquer que je n'avais fait tester Pierre qu'en classe de quatrième. Je me suis retenue de leur répondre que la logique aurait voulu que ce soit un enseignant qui le détecte, que s'ils n'étaient pas compétents en la matière, ils pouvaient au moins comprendre qu'il est difficile pour un parent d'imaginer que son enfant a un problème, lorsque tous ses enseignants successifs (depuis la maternelle jusqu'en quatrième) sont satisfaits de ses résultats. Moi, je faisais confiance aux enseignants et j'ignorais qu'ils étaient si peu compétents en la matière. J'ai eu l'impression en les écoutant qu'ils étaient tout à fait capables d'énumérer les symptômes mais sans en connaître la source. Même lorsqu'un certificat médical stipule noir sur blanc la dyslexie, il n'en faudrait pas beaucoup pour les en faire douter. Cet entretien a été bref. Ils m'ont dit que, prochainement, je serais contactée afin de faire une demande officielle de tiers-temps pour les épreuves du brevet. Résultat de cet après-midi-là : j'ai contribué à accentuer la réunionite aiguë de certains. Lorsque je suis sortie, le principal m'a dit que pour moi, cela était fini, mais que pour eux, la journée était loin d'être terminée. Il n'a vraiment pas compris ce que c'est que de se trouver aux commandes d'une famille pareille.

L'orthophoniste de William lui a prêté pour s'amuser des jeux de casse-tête, il adore ça. Lorsqu'il commence, il n'arrive pas à s'arrêter. Dès qu'il arrive à en reconstituer un, il en démarre un autre. Je suis obligée de sévir pour qu'il prenne le temps de manger. Plus c'est tordu et compliqué, et plus ça l'intéresse. Dans ces moments-là, j'ai l'impression de voir, en regardant mon fils, une espèce de professeur Tournesol. C'est d'ailleurs le surnom que lui a donné un jour son orthophoniste en l'écoutant calculer une opération. Il vient de passer un bilan psychomoteur. Un bilan obligatoire pour pouvoir faire une demande d'inscription dans la fameuse école spécialisée. Il est question de vérifier, je crois, que l'enfant ne présente pas de troubles graves associés à sa dyslexie déjà sévère. En ce qui concerne William, sur le plan moteur, il n'y a pas de problème. Toutefois, le psychomotricien nous a proposé de continuer à le suivre. Même s'il n'est pas question d'une prise en charge lourde, il souhaite tenter de l'aider à redescendre un peu sur terre. Il m'a demandé si, lorsqu'il était plus jeune, il était beaucoup tombé. En fait, oui, mais jamais lorsqu'il tentait des escalades ou acrobaties. Avec son corps, c'est comme avec ses casse-tête, quand cela devient compliqué, il arrive à trouver des solutions, mais si cela paraît simple, boum ! C'est la chute. J'ai été amusée lorsque j'ai entendu ce spécialiste dire à William de faire attention, car il n'était pas question pour lui de se laisser entraîner dans des trucs trop scientifiques.

À l'école, des techniciens EDF sont venus pour discuter avec les enfants des systèmes de production électrique. Je l'ai appris non pas parce que les enfants m'en ont parlé, mais parce qu'une maîtresse est venue me trouver pour me dire que William les avait surpris par la pertinence de ses questions. À la maison, pour moi c'est habituel, il va toujours chercher à comprendre ce qui souvent pour moi n'a aucun intérêt. Lorsqu'il a étudié le système solaire, nous avons passé la soirée à rechercher la composition des différents gaz que l'on trouve sur les planètes. Il était ravi de me coller en me demandant de quoi était composée la planète Terre en plus grande quantité ; bien sûr je lui ai répondu que c'était de l'eau ; il souriait en me disant que je me trompais car les océans ne sont pas sans fond. Il a raison, mais je n'ai pas complètement tort. La différence entre nous, c'est que moi je considère ce qui se trouve en surface, et que lui, avec cette perception de l'espace en trois dimensions propre aux dyslexiques, et ce fameux toujours sens du détail, ne peut pas se contenter de la surface.

10

En ce qui me concerne, je ne regarde presque jamais les films en entier. Généralement je dors avant la fin. Mais lorsque tous mes bonshommes s'unissent pour me convaincre, je fais l'effort d'en regarder un avec eux. C'est ainsi que nous avons regardé *Pearl Harbor*. À la fin du film, je leur ai fait remarquer que le héros était, comme eux, un dyslexique. Il avait souffert toute son enfance d'écolier, il avait dû ruser pour obtenir son permis de vol, mais il était le meilleur lorsqu'il se trouvait aux commandes de son engin. Jusqu'au dernier mot de son ami qui avait peur qu'il inverse les lettres de son nom sur sa pierre tombale. Au-delà du film, je suis très contente d'avoir pu constater cette particularité du héros, et de l'avoir fait remarquer aux enfants, car il est bon pour eux de se rendre compte de la particularité qui les fait souffrir aujourd'hui à l'école. S'ils se donnent du mal pour en prendre le contrôle, ils comprendront qu'ils ont une chance énorme d'en être pourvus. Tout le monde n'a pas la chance d'avoir un cerveau dys. Ils peuvent apprendre la même chose que les autres (même si certains apprentissages sont plus longs) et en plus, ils ont cette faculté d'exceller dans des domaines où les autres ne seront jamais que moyens.

Parfois, je rencontre des parents découragés par le chemin de croix sur lequel les entraîne la dyslexie de leurs enfants. Parfois j'en fais même partie. Il m'arrive aussi de me demander combien de temps encore s'écoulera avant que mes fils n'aient plus besoin de rééducation, et soient enfin adaptés à l'école. Mais tout cela est un non-sens. Nous avons cette habitude de vouloir des enfants standardisés, car en l'occurrence l'école devrait tout mettre en œuvre pour les aider et comprendre qu'ils sont géniaux. Mais ce n'est pas si grave que ça si un enfant est un peu plus long que les autres en lecture ! Ils ont tellement d'autres qualités ! Ce zapping incessant entre mon optimisme lorsque je suis avec les enfants, et que je vois leurs capacités, et mon pessimisme lorsque je réalise à quel point l'institution en charge de leurs instructions est ignorante, ce zapping-là est essoufflant. Il faut que ce soit le premier qui triomphe. Mes fils ainsi que les 10 % d'élèves qui sont comme eux méritent qu'il en soit ainsi. Leur handicap, puisque c'est ainsi qu'il est répertorié, devrait être considéré comme un handicap fabuleux. Ce ne serait pas un antonyme si on prenait la peine d'y réfléchir à deux fois. Il faudrait simplement essayer de voir la forêt cachée derrière l'arbre. Pour ma part, je ne sais pas quelle orientation prendra Pierre l'année prochaine, ni même s'il obtiendra son brevet cette année. Je ne sais pas d'avantage combien d'obstacles il me faudra encore franchir pour accompagner Damien. Le pire en l'état, c'est que je ne sais pas si je devrai être séparée de William. Mais à chaque jour suffit sa peine, alors j'essaierai de prendre, en accord avec mon mari, les moins mauvaises décisions. Ce que je sais, c'est que je ne baisserai pas les bras, la cause est juste.

Quelques jours plus tard, j'ai reçu un coup de téléphone du collège de Pierre, me demandant d'aller signer le projet le concernant. Une feuille de papier, sur laquelle il était noté que mon fils était dyslexique mais, ce que j'ai trouvé original, c'est que la feuille des explications techniques sur la façon d'aider les dyslexiques était un document que personnellement j'avais en ma possession depuis longtemps, et par force, puisque c'était un document originaire de l'association dont je suis membre. Dans la foulée, j'ai été invitée à l'école primaire pour les réunions concernant les projets d'intégration de Damien et de William. Si ces deux réunions ne m'ont ni étonnée, ni surprise, elles ont eu au moins l'intérêt de réunir les soignants et les enseignants.

Damien veut arrêter le saxophone. Il vient de me demander si je ne serais pas déçue de cet abandon, et surtout si je voulais bien. Il en aura mis du temps pour trouver son souffle avec son saxo ! J'ai même fait appel à un kinésithérapeute pour l'aider à sentir sa colonne d'air et en plus, il commence à jouer des petits morceaux sympas. Mais bon, je ne suis pas véritablement étonnée. Depuis quelques temps, j'ai bien constaté qu'il traîne les pieds pour aller à ses leçons. Lorsque je lui ai dit que je trouvais cela un peu dommage et qu'il fallait réfléchir avant de prendre des décisions importantes, il m'a répondu qu'il y avait longtemps qu'il y réfléchissait, mais qu'il ne voulait pas me faire de la peine. Je lui ai demandé de me laisser, à moi aussi, un peu de temps, mais que de toute manière le plus important était de prendre du plaisir dans une activité. Je pouvais donc entendre la ou les vraies raisons de son choix et il n'était pas question pour nous de le forcer. Il est fatigué de son emploi du temps chargé, il veut pouvoir aller jouer avec ses copains plus souvent, et son professeur de musique veut qu'il travaille au moins une heure tous les jours, il en a assez. Donc, chose promise, chose due, il arrête la musique, mais je lui explique qu'il ne faut jamais dire jamais. Alors puisqu'il a un saxophone et si un jour il le désire, il pourra reprendre…

J'ai besoin de savoir de quoi a l'air l'école où va peut-être aller William. Je décide donc de leur téléphoner pour savoir s'il y a des journées portes ouvertes de prévues. La directrice adjointe m'informe que le samedi suivant, ils participent au marché de Noël de leur village et que nous pourrions nous y rencontrer. Évidemment, nous y sommes allés ! William était très enthousiaste, au moins autant que moi j'étais fébrile. La première chose que j'ai remarquée, c'est le cadre magnifique de sérénité de ce petit village posé au bas des montagnes. La deuxième, c'est le froid, et je me suis mise à penser que si William venait là, il me faudrait revoir sa garde-robe… Lorsque nous sommes entrés dans la salle des fêtes qui abritait le marché, ce sont les regards chaleureux, les sourires aimables des personnes qui se trouvaient là qui m'ont surprise et rassurée. Cela était peut-être dû simplement à la magie de Noël ! Mais c'était bien. Rapidement j'ai trouvé la personne que j'avais eue au téléphone quelques jours plus tôt, et elle m'a conseillé de faire le tour du bâtiment pour rentrer dans l'école où le directeur devait se trouver, pour le rencontrer. Il nous a expliqué qu'il n'était pas d'usage de rencontrer les familles sans rendez-vous, et qu'il avait très peu de temps à nous consacrer. Il a pourtant compris mon inquiétude et gentiment nous a fait faire un petit tour de l'établissement. Lorsque nous sommes arrivés dans son bureau, il nous a dit que nous recevrions une invitation prochainement pour une réunion d'information, avec tous les parents qui faisaient comme nous une demande d'inscription dans son institut. Après vérification sur ses listes, il a constaté que nous n'y figurions pas. Je pensais que le CMPI avait fait cette démarche, puisque personne ne m'avait dit de la faire. Finalement je suis bien contente d'être venue ce jour-là, même si ce n'est pas d'usage car maintenant au moins, William est sur les listes.

William avait les yeux qui pétillaient, il regardait partout. Cela lui a plu, je pense, à un détail près : lorsqu'on a regardé le menu de la semaine qui était affiché, et qu'il a constaté qu'il y avait tous les jours de la soupe… Je ne crois pas au hasard, alors ce doit être la destinée qui a fait rentrer cette jeune fille en coup de vent pendant que nous discutions avec le directeur. Elle était surexcitée, au bord des larmes. Moi j'ai senti une grande bouffée de sérénité m'envahir lorsque j'ai compris qu'elle était une ancienne élève qui revenait avec émotion sur les lieux de sa rééducation. Sa maman racontait qu'il était loin le temps où elle pleurait pour ne pas venir. Lorsqu'elle s'est éloignée, le directeur s'est empressé de me préciser que tous les enfants n'arrivaient pas forcément à la même chose, et qu'il n'y avait aucune garantie de résultat. Il a raison, il connaît son affaire, mais pour moi à ce moment-là, j'avais la certitude d'avoir trouvé ce dont j'avais besoin. De l'espoir. Dans la voiture, sur le chemin du retour, il régnait un vrai climat de sérénité. Tous nous étions apaisés.

Comme d'habitude, juste avant les vacances de Noël, il y a les bulletins trimestriels. Pour résumer les contenus de ces trois documents, dans l'ordre :

– Pierre : avertissement, travail et conduite,

– Damien : moyen mais autonome et un peu trop rapide,

– William : bon s'il est aidé en lecture.

Au dire de Pierre, c'est son prof d'allemand qui a demandé cet avertissement, et lorsqu'il a posé la question à certains de ses autres professeurs avec lesquels il était plus à l'aise, on lui aurait répondu que par solidarité vis-à-vis de leur collègue, ils ne s'y opposaient pas. Heureusement, au courrier, ce jour-là, il y avait une lettre du responsable de la formation des cadets des pompiers qui le félicitait pour son comportement exemplaire pour le premier trimestre, digne des pompiers. J'ai téléphoné au principal du collège, afin de comprendre un peu mieux les raisons de l'avertissement, car je trouve dommage de n'avoir jamais été informé en amont de problèmes majeurs. Il m'a dit qu'il avait validé l'avertissement car aucun de ses professeurs ne s'y était opposé. Je lui ai demandé de bien vouloir me tenir informée, à l'avenir, des problèmes éventuels que mon fils pourrait causer, puis je lui ai parlé de la lettre de félicitations de l'école de cadets. Je lui ai demandé si cet avertissement resterait dans son dossier scolaire. Il m'a dit que non, à la condition bien sûr qu'il se tienne bien le reste de l'année.

J'ai appris depuis longtemps qu'il y a un temps pour tout. Maintenant, c'est les vacances et je ne résoudrais pas en quelques jours tous les maux. Autant en profiter et laisser les enfants respirer un peu.

11

Noël a été tel qu'on peut imaginer un vrai Noël, en famille avec leurs cousins, les oncles et les tantes, papi et mamie, en fait pour tous une vraie soirée de bonheur. Pour le Nouvel an, nous avons emmené les enfants au paradis du rêve, chez Mickey. Les vacances, hélas, sont toujours trop courtes et la reprise de l'école est vite arrivée. Les devoirs ont été beaucoup plus difficiles qu'à l'accoutumée car nous n'avions quasiment pas été à la maison avant les réveillons, et ensuite, les enfants étaient fatigués. Vite et bien, ce n'est déjà pas une combinaison facile pour les personnes ordinaires, alors pour des dyslexiques, c'est une mission impossible. Pour Damien et William, cela s'est plutôt assez bien passé. Ils ont la chance d'être en primaire, leurs enseignants connaissent leurs difficultés, et moi, dès la reprise, je les ai informés que je n'avais pas eu la même rigueur que d'habitude pour les devoirs. Pour Pierre, il recommence cette nouvelle année avec deux heures de retenue : il a oublié de faire un devoir.

Nous venons de recevoir l'invitation pour la réunion d'information de l'établissement spécialisé où nous souhaitons inscrire William. Il est précisé que la présence des enfants n'est pas souhaitable à cette étape des formalités. Nous y sommes donc allés, mon mari et moi. Il y avait beaucoup de monde, et je me suis mise à compter que, si pour toutes les deux personnes présentes, il y a un enfant candidat, les places disponibles sont en effet vraiment en quantité beaucoup trop insuffisante. Le directeur qui animait cette séance a longuement insisté sur le fait que son établissement n'était pas une école, mais qu'il était un établissement sanitaire de rééducation intensive et qu'il ne fallait pas attendre de miracle pour le rattrapage des années perdues à l'école. Ensuite, ce qui m'a un peu choquée, c'est qu'il a expliqué la fonction de tous les rééducateurs. Tout le monde connaissait l'orthophonie, mais apparemment certains parents ne connaissaient pas les neuropsychologues ni les psychomotriciens. Ce constat m'interroge vraiment. Soit leurs enfants ont des troubles beaucoup plus légers que les miens, soit il y a vraiment un très gros travail à faire encore aujourd'hui pour informer les familles et les aider à ne plus perdre de temps pour diriger leurs enfants vers les rééducations. Au fil des minutes qui passaient, il décrivait le profil des enfants qui étaient dans cet institut. Pour la première fois depuis que William est scolarisé, j'avais l'impression que l'on me parlait de lui. Je n'avais pas seulement l'impression qu'il avait le profil type, mais qu'il était le profil type de l'enfant pour lequel cet établissement existe. Je me suis aperçue que j'avais été tellement préoccupée par tous les bilans psy que j'avais oublié de penser aux bilans plus ordinaires, le visuel et l'auditif.

Cela peut paraître stupide, mais je n'avais même qu'un vague souvenir de les avoir vus sur une fiche. Pourtant, il est vraiment logique avant d'entreprendre une rééducation aussi intense de vérifier que l'enfant entend et voit correctement. Je sais être très efficace lorsque cela s'avère nécessaire, et les deux rendez-vous pour cette dernière ligne droite ont été fixés la semaine suivante. Les résultats du bilan auditif ont attesté que William entend très bien. Ceux du bilan visuel par contre ont mis en évidence une légère hypermétropie, et l'obligation de porter des lunettes pour lire et regarder la télévision. Malheureusement, cette faiblesse oculaire ne peut pas être la cause des difficultés de mon fils, et force est de constater que si ses lunettes lui plaisent, les porter ne le fait pas mieux lire. Mon grand soulagement à ce moment-là était que William en avait enfin fini avec les bilans. Il a été très coopératif à chaque fois, mais moi, j'en avais assez de passer mon temps à l'accompagner à faire tous ces tests. Même si la cause est juste, j'ai peur d'abuser de sa patience et de trop mettre à mal ce qui lui reste de confiance en lui.

La psychologue qui lui a fait passer le bilan de personnalité me dit qu'elle me donnera les résultats dès que je serai en mesure de venir la voir avec mon mari. Il se trouve qu'il n'est à la maison que le week-end, et lui me dit que je peux très bien lui transmettre les conclusions de la psychologue, qu'il a toute confiance en moi… Je sais bien que les psychologues et leurs théories ne sont pas réellement sa tasse de thé. Toujours est-il que de tous les bilans que William vient de passer, le seul pour lequel j'étais impatiente de connaître les résultats, c'est celui de la personnalité. Car en fait, je pense bien connaître mon fils, je sais qu'il est atypique mais je suis certainement trop proche de lui et trop impliquée, je manque peut-être de lucidité ? Après un rendez-vous manqué, et deux semaines d'attente pour que le papa se libère, nous nous sommes enfin réunis. William est quelqu'un d'équilibré qui connaît parfaitement ses difficultés, et semble prêt à vivre en internat s'il se sent soutenu... En sortant de ce bureau, ce jour-là, mon mari était très ironique, concernant l'impatience dont j'avais fait preuve et les conclusions sans surprise de ce diagnostic.

Avant de pouvoir retourner le dossier d'inscription, il faut que j'y joigne des écrits de William. Malheureusement, cet enfant n'écrit pratiquement jamais. Ses leçons sont photocopiées, ses devoirs, la plupart du temps écrits par la maîtresse, et à la maison lorsque cela est nécessaire, il me dicte ses réponses et j'écris pour lui. Il faut pourtant absolument qu'il écrive quelque chose pour que nous puissions clôturer cette affaire. À ma grande surprise, lorsque je lui en ai parlé, il a tout de suite été chercher une feuille pour écrire un petit mot au directeur de l'école : « Je me préante je m pelle William. Je dix ans je suis néen 1994 jé vqu 10 ans parcque on é an 2004. jé deux frer Pierre à 15 ans et Damien a lui 11 ans. Je fais du pianeau. Jé pré ales st l'cole ». Lorsqu'il a eu fini d'écrire, son père et moi lui avons demandé s'il avait des questions ou des doutes concernant son possible départ. Il nous a répondu qu'il savait que cette école était bien pour lui, qu'il en avait discuté avec la neuropsychologue et qu'il savait aussi que cela serait plus difficile pour moi car il allait me manquer… Je lui ai dit qu'il avait complètement raison, qu'il me manquerait beaucoup, mais que si je savais qu'il était bien, je serais bien moi aussi.

Quelques jours plus tard, j'ai reçu une lettre m'indiquant le jour fixé pour entériner les projets d'intégration de Damien et de William. La présence des familles n'est pas indispensable, mais elle est possible, si on le désire, et dans ce cas, il faut prendre contact avec la secrétaire de la commission. Ce n'est pas que j'attende beaucoup de cette réunion, mais il existe encore tellement de préjugés sur les origines de la dyslexie, qui seraient pour certains en grande partie dues à l'éducation familiale (des restes de théorie freudienne sur les fautes de la mère) que je décide de m'y rendre. Si l'évolution de la prise en charge se quantifie en nombre de personnes présentes dans ces commissions, on peut imaginer que la solution est proche. Une quinzaine de regards, certains souriants, d'autres suspicieux, se sont dirigés vers moi lorsque je suis entrée dans la pièce où siégeait cette assemblée, sous la direction de l'inspecteur d'académie. C'est d'ailleurs ce dernier qui a pris la parole pour m'indiquer où m'asseoir, tout au bout de la table près du directeur de l'école des enfants. Ce que toutes ces personnes semblaient vouloir savoir, c'est comment se passait l'apprentissage de la musique. Les enfants avaient-ils des difficultés avec le solfège ? Force est de constater qu'ils n'en avaient aucune. Leur seul problème, c'est le français. À l'exemple de l'arrêt des leçons de saxophone de Damien, il est dû à la fatigue de l'addition rééducation plus école ; aggravé du fait qu'il veuille le moins de contraintes possible pour pouvoir sortir jouer davantage avec ses copains. Toutes ces personnes semblaient un peu trop se féliciter des quelques progrès déjà accomplis par les enfants, alors je leur ai dit qu'il y avait encore beaucoup de choses à repenser dans leur système car, pour aucun de mes enfants, le diagnostic n'est venu de l'Éducation nationale. Même, une fois que leurs problèmes ont été identifiés, j'ai dû trouver seule les bonnes adresses pour commencer les rééducations. Ils m'ont expliqué qu'ils en étaient conscients, mais qu'il y avait finalement peu de vrais dyslexiques, que les diagnostics étaient difficiles à faire. Ensuite, je suis repartie, accompagnée du directeur de l'école, notre présence n'étant plus indispensable.

Une après-midi dans la salle d'attente de l'orthophoniste, j'ai rencontré une maman qui venait pour essayer d'avoir un rendez-vous, car elle était très inquiète pour son fils qui était scolarisé au CP, et qui ne savait toujours pas lire en ce début de deuxième trimestre. Elle trouvait cela terrible. Je lui ai dit que désormais avec le système en place, l'apprentissage de la lecture est prévu sur trois ans (cycle 2, qui comprend la grande section de maternelle, le CP et le CE1) et non plus sur le CP. Qu'elle avait complètement raison de vouloir faire passer des tests à son fils, au cas où, mais qu'il fallait surtout qu'elle se détende car son fils ressentait cette pression, et que pour bien apprendre à lire, il faut trois ingrédients essentiels : du travail, mais surtout de la sérénité et une indispensable maturité. Selon moi, aujourd'hui tout va trop vite, dès la rentrée en école maternelle, on attend des résultats, il n'y a qu'à regarder le nombre de parents qui attendent les bulletins. Tout le monde a l'air d'oublier que dans le mot maternelle, il y a la notion de materner. Ce sont des tout-petits qui ont besoin d'apprivoiser la collectivité, ils vivent une rupture difficile et il faudrait qu'ils deviennent en quelques semaines des élèves parfaits. On leur vole l'essentiel de la petite enfance, et ensuite on s'étonne qu'ils manquent d'appétit pour apprendre à lire.

Maintenant que le dossier de William est complet, je viens de recevoir un coup de téléphone du directeur du centre pour fixer le jour et l'heure de la visite de mon fils. Désormais, nous sommes dans la voiture, sur la route qui nous conduit vers cette nouvelle école qui, dans la tête de mon fils, résonne comme nouveau départ. Il a apporté comme prévu son cartable plein de toutes ses affaires scolaires. Il est impatient d'être enfin reçu dans le bureau du directeur, et de montrer sa motivation. Sur le trajet, je lui ai encore dit qu'il ne fallait pas que l'on s'emballe, car il n'y a pas beaucoup de places, et peut-être qu'ils ne pourront pas l'accueillir. Il m'a répondu qu'il savait déjà tout ça. Après avoir feuilleté ses cahiers et son classeur, le directeur a choisi quelques feuilles significatives pour lui, afin de les photocopier pour les conserver dans le dossier de William. Il a demandé à mon fils de lire quelques lignes de son livre de lecture. Dès le deuxième mot, l'histoire n'avait plus de sens, il inventait comme toujours les mots au gré des souvenirs de ce que sa mémoire avait emmagasinés en sons et syllabes. Comme toujours, également, j'essayais de corriger au fur et à mesure pour l'aider à donner du sens à sa lecture et aussi parce que je n'arrive plus à supporter cette souffrance de voir mon enfant dans cette situation qui n'évolue pas ou si peu, et que je donnerais cher pour que cela prenne fin. Avec fermeté mais aussi avec compréhension, le directeur m'a fait signe de ne plus intervenir. J'ai obéi, me souvenant soudain du but de notre visite. Il fallait qu'il puisse écouter William lire. À la fin de sa lecture, le directeur lui a demandé s'il avait compris quelque chose. « Bien sûr que non », lui a répondu William comme une évidence. Lorsque cet homme a abordé le sujet de l'incertitude de pouvoir l'accueillir, William a été très compréhensif en disant qu'il savait qu'il y avait beaucoup plus d'enfants dyslexiques que de places dans le centre. Nous avons ensuite fait la visite des différents bâtiments, puis nous sommes repartis, avec l'assurance d'avoir rapidement une réponse, et la tranquillité d'esprit d'avoir tout donné pour ne rien avoir à regretter.

J'avais toujours dit que je ne voulais pas, à titre personnel, considérer la dyslexie comme un handicap. Pourtant, le centre où va peut-être aller William a le statut d'un hôpital, donc à ce titre les frais sont pris en charge par la Sécurité Sociale, et il reste à la charge des familles le paiement du forfait journalier. Pour un programme qui dure deux ans, cela fait une sacrée somme. Ma mutuelle couvre ces frais quatre-vingt-dix jours par an. Le seul moyen d'échapper à cette « douloureuse » est de demander une allocation AEEH [27], donc de faire reconnaître par une administration un handicap pour mon fils. L'intérêt pour

27. Allocation d'Éducation pour Enfant Handicapé.

notre famille de faire cette demande avait beau être évident, il n'en reste pas moins que pour moi cela n'était pas facile. Pourtant, je l'ai fait. Et lorsque je me suis retrouvée devant la commission qui examine tous les cas, j'ai été rassurée de savoir que ce statut ne durerait pas. Il serait égal à la durée du séjour dans le centre de rééducation.

12

Un coup de fil, un courrier, deux photos d'identité, quatre documents à remplir plus tard, et l'inscription de William pour la rentrée prochaine est sûre. Je viens même d'apprendre que la demande de prise en charge par la Sécu est acceptée. Le soir même de la réception de la grande nouvelle, William m'a dit qu'il voulait se débarrasser de toutes ses protections contre l'énurésie. Il est sûr qu'il n'a plus besoin de rien. Avec un peu d'appréhension, je l'ai laissé faire, et cela fait maintenant plusieurs semaines que ce problème a disparu. J'appréhende la séparation, mais je sais qu'il a de la chance, qu'il a envie, et que dans sa tête et dans son corps, il se prépare pour optimiser ce nouveau départ, alors je suis contente pour lui, et petit à petit je me fais de plus en plus à cette idée.

Dans la foulée, j'ai voulu partager la bonne nouvelle avec l'équipe éducative de l'école. Lorsque le directeur l'a su, il m'a juste répondu que cela allait compliquer leur travail, car déjà que William ne faisait pas grand-chose. Maintenant qu'il savait qu'il allait partir, il risquait de ne plus rien faire du tout. Je lui ai dit que la baisse de motivation de William était à mon sens en grande partie due à la fatigue, que nous étions à la fin du second trimestre, que depuis la rentrée, en plus de l'école et des activités rugby et piano, il avait trois séances de rééducation minimum par semaine, auxquelles s'étaient ajoutés les heures de bilans et tests divers qui lui ont été demandés. Il pouvait essayer de comprendre que cet emploi du temps de ministre pouvait avoir fatigué un enfant de neuf ans, surtout quand l'une des caractéristiques de la dyslexie est la fatigabilité. La maîtresse est arrivée, et elle, de rajouter que chez William, la dyslexie a bon dos, car lorsqu'il le veut, il n'a aucune difficulté. Qu'à cause de lui, elle est obligée le soir, chez elle, d'aménager les évaluations pour supprimer quelques questions sur les contrôles de mon fils. Je n'ai pas pu me retenir, et je lui ai coupé la parole pour lui signifier que je ne l'autoriserais pas à mettre en doute la dyslexie de mon fils, car ce n'est pas de sa compétence et, qu'avec tous les spécialistes, unanimes sur son cas, elle n'avait pas le droit de douter. Ensuite je leur ai dit que depuis la rentrée, tous les rééducateurs de William travaillent avec lui l'idée de son « peut-être » départ, et cela sans aucune certitude. Même sans être comme eux, professionnels de la pédagogie, il n'est pas difficile de comprendre la pression et le stress que ce « peut-être » changement dans sa vie avait créé. Pour finir, je lui ai rappelé que parmi tous les tests, il y en avait un (celui de la personnalité) qui justement avait servi à connaître sa motivation. Que vu la quantité d'enfants qui aurait besoin d'aller là-bas, ils ne prennent, entre autres critères, que les plus motivés et les plus mûrs pour supporter le rythme d'une rééducation intensive.

Lorsque mon mari est rentré le week-end suivant, je lui ai raconté cet épisode. Il était épaté que j'aie pu avoir un tel aplomb, et il voulait savoir ce que cela m'avait fait de répondre comme ça… Soulagée, cela m'avait soulagée, et en plus j'étais fière de moi, il y en a marre des incompétents ! Hélas, ils n'avaient pas dit leur dernier mot. Et Damien m'a souvent raconté le soir qu'il avait du mal à supporter de voir que son petit frère était souvent convoqué dans le bureau du directeur. Il l'entendait lui dire qu'il n'en pouvait plus, mais que c'était lui qui ferait son dossier pour l'institut, que là-bas au pire ils ne le voudraient pas, au mieux ils le prendraient, mais qu'ils n'en avaient rien à f… de lui. Damien m'a dit que déjà pour lui c'était difficile d'entendre tous les jours des leçons de morale, mais que c'était insupportable de l'entendre sur son petit frère, car il ne comprenait plus rien. Il va y aller, oui ou non ? Tu nous dis oui et le directeur le convoque pour lui dire non ? Bien sûr que oui. Je leur ai lu la lettre de confirmation. Je leur ai dit que le directeur de l'école devait être mal renseigné. Nous avons pu clôturer dès le lendemain ce sujet avec les enfants car, dès que nous sommes arrivés dans la salle d'attente des orthophonistes, celle de William en nous accueillant lui a dit qu'elle avait reçu une lettre de l'institut pour lui annoncer qu'il était pris. Quand j'ai pu discuter avec la neuropsychologue en tête à tête, à la fin d'une séance, je lui ai raconté le malaise que cette histoire avait créé. Elle m'a conseillé de laisser tomber et de profiter au maximum de mon fils avant son départ. Elle m'a rappelé que William n'avait pas de lacune dans ses acquis, si ce n'est cette sacro-sainte lecture pour laquelle il va bientôt aller là où il faut !

Le directeur de l'école est déchargé un jour par semaine pour se consacrer à son travail administratif. C'est ainsi que tous les lundis, Damien a classe avec une maîtresse. Un jour, nous nous sommes mises à discuter bien sûr de la dyslexie, mais cette fois, c'était elle qui voulait des renseignements, car elle avait des présomptions concernant sa fille. Je lui ai dit que le seul moyen pour elle d'en avoir le cœur net, c'était de lui faire passer des tests. Si elle décide de le faire et qu'elle veut des adresses, je pourrais lui en donner. Quelques semaines plus tard, sur le parking de l'école, elle est venue me voir avec une cassette vidéo, en me demandant s'il m'était possible de la visionner pour lui donner mon avis, et de la lui rendre en la confiant au directeur le lendemain, avec mon opinion et un numéro de téléphone de spécialiste. Elle avait trouvé cette cassette au centre de documentation de l'IUFM. Synthétique, claire et concise (vingt minutes), tels furent les mots que je confiai au directeur comme prévu la veille. Et de rajouter que, finalement, même si leur formation sur le sujet a été presque inexistante, il suffirait de vingt petites minutes aux enseignants pour mieux comprendre les enfants dyslexiques. Fidèle à lui-même, cet homme m'a répondu que personnellement il ne la visionnerait pas, car il préférait ne pas être trop formé sur le sujet pour être sûr de ne pas être obligé de changer ses méthodes de travail et que sa hiérarchie ne lui en demande pas plus. Aucun commentaire. Je n'ai fait aucun commentaire car je pense que cela n'aurait servi à rien. Il y a des moments comme cela où l'on réalise que l'on s'est bercé d'illusions. Pourtant j'aurais pu lui citer Gaston

Bachelard : « Celui qui ne continue pas à apprendre est indigne d'enseigner », ou plus simplement lui dire que justement en regardant la cassette, il aurait surtout compris que le problème de la dyslexie est un problème médical. Que la rééducation doit être faite par des professionnels de la santé, qu'elle est prise en charge par la Sécurité Sociale. Qu'il n'a jamais été question de demander à un enseignant (qui n'est d'ailleurs pas qualifié pour l'assurer) de s'en charger, que la seule chose qui, à ce jour, est importante à son niveau, c'est de connaître les différents symptômes qui caractérisent cette spécificité afin de mieux la détecter et, surtout, de ne plus pénaliser les enfants qui en sont victimes.

Car même les plus optimistes, comme moi, ceux qui voient « la forêt derrière l'arbre » sont forcés de constater qu'en matière de scolarité et surtout d'apprentissage scolaire, ces enfants sont des victimes.

Cette deuxième partie de l'année scolaire a été aussi délicate pour Damien et Pierre. Damien, lui, s'est plaint de ne plus arriver à faire ses exercices correctement. Il m'a très souvent parlé des leçons de morales quotidiennes mais hélas interminables de son enseignant. Moi je trouvais que la résurrection de cette ancienne méthode était une bonne chose.

Alors pendant longtemps je n'ai pas prêté à mon fils sur ce sujet une oreille attentive comme il l'aurait pourtant fallu. De toute façon, lorsque je me retrouvais en discussionS, en réunion, avec son maître, il me semblait être quelqu'un de lucide et de perspicace et surtout doté de grandes et intelligentes idées pédagogiques. Au fil des semaines et des mois, l'humeur de Damien à la maison s'est noircie. Il a commencé à être souvent malade le matin, au moment de partir pour l'école…

Un soir, il est rentré avec le dessus de la main en sang. Lorsque je lui ai demandé des explications, et à force de persuasion, il m'a dit qu'un groupe d'enfants dont je n'ai jamais pu savoir les noms s'était amusé à frotter leurs ongles sur les mains d'autres enfants (dont lui) en récitant l'alphabet, que c'était un jeu dont le but était de trouver à chaque lettre un prénom qui devait débuter par ladite lettre. Malheureusement pour lui, il n'avait trouvé aucun prénom commençant par la lettre y. Bien sûr, dès le lendemain matin, je suis allée à l'école voir le directeur qui, en me voyant arriver a pris les devants en me disant de ne pas m'inquiéter, qu'il avait déjà résolu le problème de ce jeu. Damien lui, m'a dit qu'il regrettait ma démarche, qu'ils n'étaient que trois enfants dont la mère était venue râler à l'école et qu'à cause de moi, il se faisait remarquer. Je lui ai répondu que lorsqu'il se passe quelque chose de grave qui le concerne, il n'était pas question que je ne m'en occupe pas. Ce jeu n'a absolument rien d'un jeu, bien au contraire, d'ailleurs cette brûlure a mis plusieurs semaines à cicatriser, probablement à cause de son origine car il est difficile de faire plus porteur de microbes et saletés que les ongles. Heureusement, quelques jours plus tard, alors qu'il était en séance, l'infirmière, après avoir vu sa main et s'être renseignée, lui a dit à peu près la même chose que moi et que ce qui n'était pas normal, c'est l'absence de réaction de certains parents, non pas les trois mamans qui avaient râlé. Je pense que cette intervention a été vraiment bénéfique pour la confiance que Damien a pu réinvestir en moi, mais cela n'a pas eu d'effet sur son humeur, ni son côté malade. Les deux derniers mois d'école ont été très douloureux, et toutes les maladies y sont passées pour trouver des prétextes pour rester à la maison. Une fois ou deux, j'ai cédé, consciente que cela me permettrait juste de gagner un peu de temps pour comprendre la véritable raison du malaise de mon fils. Lorsqu'il revenait de l'école, il me parlait encore plus qu'à l'accoutumée des leçons de morale et se plaignait qu'à force de rester immobile à écouter durant presque des demi-journées entières la morale, il n'arrivait plus à se concentrer et cela lui embrouillait la tête. J'ai même appris, toujours durant une séance avec l'infirmière, que le maître leur avait dit qu'heureusement pour lui, il avait déjà travaillé avec des handicapés mentaux et que cela lui servait comme expérience pour travailler avec cette classe de bons à rien. C'est à cette époque que nous avons déménagé, et d'un commun accord, il a été convenu que ce déménagement serait finalement un bon prétexte pour changer d'école. Damien était persuadé que c'était principalement pour lui que le maître parlait. Pour ma part, je préfère croire que cet homme n'était tout simplement pas qualifié pour enseigner, diplômé pour le faire, oui, mais apte à l'assumer, non.

En ce qui concerne Pierre, j'avais la grande satisfaction de constater qu'il avait un projet d'avenir. Cela était très bien, surtout lorsqu'il s'agit de la classe de troisième. Mon fils voulait faire sport-études, évidemment en section rugby, et son entraîneur, lorsque je lui ai demandé son avis sur ses capacités, m'a dit qu'il ne voyait pas de problèmes particuliers qui pourraient l'empêcher d'atteindre son but. Nous avons donc passé un certain temps dans les dossiers et les tests sportifs. Il a été convoqué pour la sélection finale des douze cadets qui allaient constituer la classe à la rentrée prochaine. Sauf erreur, ils étaient une quarantaine de toute la région convoqués ensemble pour ces deux jours de sélection. Lorsque cela a été fini, il ne voulait pas trop en parler car il savait que même s'il avait le sentiment d'avoir bien passé le côté sportif, il y avait le dossier scolaire, et là force est de constater que les commentaires de ses profs n'étaient pas un atout majeur. Il aura fallu attendre une toute petite quinzaine de jours, mais le courrier tant attendu ne fut pas celui espéré, et malgré les bons résultats aux épreuves sportives, les mauvais résultats scolaires ont remis en question son orientation pour l'année prochaine. Comme depuis plusieurs mois Pierre ne rêvait plus que de rugby, il avait toujours occulté la possibilité de devoir choisir une autre direction, et aujourd'hui, il ne lui reste plus beaucoup de temps pour le faire. Lorsque je suis allée remettre en main propre la fiche de demande d'orientation modifiée au principal de son collège, cet homme m'a dit que compte tenu des mauvais résultats de mon fils, il ne fallait pas se faire trop d'illusions. Mais que dans l'hypothèse où il n'obtiendrait pas son brevet et que nous déciderions de lui faire redoubler sa troisième, nous serions priés de bien vouloir changer d'établissement, car dans le contexte actuel, n'ayant qu'un seul professeur de la langue vivante 1 de Pierre, et compte tenu du passé entre mon fils et son enseignante, il ne souhaitait pas le garder dans son établissement. À cet instant précis, j'étais très en colère contre mon enfant. En colère contre son mauvais comportement qui aujourd'hui nous mettait dans une impasse. Mais assez rapidement, je me suis mise à repenser à ces quatre dernières années avec cette enseignante. À toutes les petites phrases humiliantes distillées de façon régulière. J'ai admis que finalement l'attitude cynique de mon fils et son désintérêt face à ce cours étaient compréhensibles, et même probablement aggravés par la révolte normale d'un adolescent normal.

J'aurai peut-être le temps plus tard, pour la rancune, mais pour l'instant il faut l'aider à préparer son examen et régler son problème d'orientation. À la sortie des épreuves, il était assez satisfait de son travail, mais il faut qu'il gagne vraiment beaucoup de points, car la notation est calculée sur la moyenne des notes de quatrième et de troisième, l'examen ne servant en principe qu'à rattraper quelques points. Pierre savait qu'il ne l'aurait pas et moi je voulais y croire, mais c'est lui qui avait raison et lorsque le relevé de notes de cet examen est arrivé, nous avons constaté ensemble que malheureusement il n'était pas passé loin. En effet, la moyenne générale du contrôle continu et des épreuves était de 9.03/20. Lorsque l'attribution des orientations a été faite, nous avons appris qu'il était sur liste d'attente dans toutes ses demandes, et à des places qui ne nous laissaient guère d'espoir. Je me dois de rendre hommage aux conseillères d'orientation qui ont vraiment pris son dossier à bras-le-corps, pour l'aider à trouver une solution. C'est presque sans surprise que j'ai reçu un coup de téléphone du principal pour réitérer sa demande de ne pas faire redoubler mon fils chez lui. Je lui ai dit de ne pas s'inquiéter, que cela n'était pas dans nos projets. De toute façon, compte tenu de cet état d'esprit, je crois que personne n'aurait abordé une nouvelle année avec sérénité.

Nous habitons un petit département où il y a peu de lycées professionnels et donc nous n'avions que peu de possibilités. Pour être précise, nous n'en avions que deux. La première dans une section qui ne lui plaisait pas et l'autre dans un lycée où la section lui plaisait, mais qui l'aurait conduit à être interne et il ne le voulait pas. Dans le bureau des conseillères, il nous a annoncé qu'il avait réfléchi, et qu'il avait décidé de partir pour l'année scolaire vivre chez mes parents, car ils habitent une grande ville universitaire où il y a beaucoup de lycées et sûrement plus de places, et qu'en plus cette ville est le poumon du rugby et qu'il pourra donc jouer dans un club ayant une bonne infrastructure. Le temps nous manque, je ne peux pas prendre le recul que je souhaiterais pour réfléchir à sa demande qui devient de plus en plus récurrente. Ici les effectifs sont complets et là-bas, il y a une place dans un lycée professionnel avec une section qui lui plaît. Pour ne rien occulter, j'en informe mes parents et son proviseur qui m'octroient leur accord et approuvent ce choix. Seul son père émet des réserves sur sa capacité à s'éloigner du nid. Mais face à sa détermination, il se résigne.

Je viens d'inscrire Damien dans l'école de notre nouveau village. Je me rends compte que l'année prochaine, tous mes enfants débuteront dans des établissements différents. J'ai peur de m'ennuyer, car je ne suis pas habituée à ne pas courir. Je vais déléguer les contraintes pour Pierre à mes parents, pour William à son institut, et l'école de Damien est au bout de la rue, il sera en CM2 et je n'ai plus besoin de l'accompagner. Non il ne faut pas que je m'ennuie, il faut que je me repose. Mais ils vont me manquer, et même s'il y a longtemps que j'ai pris conscience que leur avenir comme celui de tout être est de quitter le nid, je n'ai jamais envisagé cela comme ça, si vite et à leurs âges. Je crois que si je sais que mes fils vont bien, je serai moi aussi, bien.

Pour le premier, son départ c'est son choix, et il est à un âge où une idée simple devient facilement une idée fixe. Le retenir serait rentrer en conflit avec lui, et cela ne serait pas mieux. De toute façon, nous n'avions pas réellement d'autres choix. Et puis après tout, c'est son expérience, sa vie et même à distance, nous serons là. Pour le deuxième, son acceptation dans ce centre est la meilleure chose qui pouvait lui arriver pour optimiser son avenir, alors je positive et j'essaierai d'être à la hauteur pour l'aider à partir, mais surtout, je crois, à y rester. Il est très motivé pour y aller. Je pense que les problèmes viendront lorsqu'il réalisera ce que veut dire internat au quotidien. Damien, lui, essaie d'être pragmatique en cherchant tous les avantages qu'il pourra retirer de son statut de fils unique de la semaine.

13

Cet été-là n'aura pas vraiment eu la même couleur que les autres, partagé entre l'envie de profiter au maximum de tous les instants et la rapidité du temps qui passe, et qui a semblé passer plus vite qu'à l'accoutumée. Tout a une fin et surtout les vacances. Le premier à partir a été Pierre. Il est vrai que papi et mamie ont des choses à mettre en place avec lui avant la rentrée des classes. Lorsque je regardai la voiture de mes parents s'éloigner en essayant de dissimuler le brillant de mes yeux, mon mari m'a regardé et dit en souriant :

— Il reviendra plus vite que ce que tu crois, j'en suis sûr.

Damien, lui, fera comme avant, la semaine des quatre jours et donc la reprise de l'école était avancée. Il était assez content de ce changement et il m'a demandé de bien vouloir le laisser aller simplement à l'école et de le laisser faire un break avec ses prises en charge. Il m'a expliqué qu'il voulait que je lui laisse une chance d'être en classe comme tout le monde. Il se sent capable de se débrouiller seul et s'il n'y arrive pas, il me le dira. Comment refuser une telle demande, et comment ne pas apprécier une telle détermination, et enfin une si précieuse confiance en soi ? J'ai donc accepté. Puis vint le tour de William. Nous étions attendus, avec tous les nouveaux, pour une réunion commune. Tous les enfants étaient très, très excités et toutes les mamans avaient le même regard humide, c'est du moins une des images qui me restera. Mon fils, lui, était cool comme il dit, et moi je le suis à peu près restée. Une fois qu'il a été installé dans sa chambre et que nous avons fait le point avec les éducateurs et la lingère, il nous a fallu repartir. Dans la voiture, mon mari a eu du mal à comprendre mes larmes, d'ailleurs moi aussi, car je ne pleurais pas pour William, lui, je savais qu'il était à sa place, que c'était le mieux pour lui et qu'il serait bien, après. Mais je pleurais sur moi, il me manquait déjà, et je ne savais pas comment gérer son absence, ni si je serais à la hauteur lorsqu'il essayerait de me faire craquer pour revenir à la maison. J'ai fait promettre à mon mari que le moment venu, il faudrait qu'il soit ferme, car moi j'avais peur d'être faible.

La configuration de la famille avait changé maintenant il fallait s'adapter, mais les premiers jours furent très pénibles. J'avais le sentiment bizarre que mes émotions étaient anesthésiées au bord des yeux ; je ne pleurais pas mais je ne pouvais pas non plus me sentir bien. Il fallait que je trouve d'autres repères pour mon quotidien. Ce qui fut vraiment agréable et nouveau, ce fut d'apprendre à communiquer par téléphone avec les enfants. Ils étaient tous les deux très affectueux dans leurs paroles et cela était aussi nouveau qu'agréable. Lorsqu'ils étaient à la maison tous les jours, ils ne prenaient pas souvent le temps de dire quelque chose de gentil, comme si tout ce que l'on faisait pour eux était normal, et à mon sens cela l'était. Mais maintenant qu'ils ont plus de recul sur notre vie, ils semblent plus tendres dans leurs pensées et leurs paroles et cela est tout de même bien agréable pour une maman.

La situation de Pierre n'a hélas pas été idyllique bien longtemps. D'abord, il n'a pas voulu reprendre le rugby, et cette nouvelle nous a laissés sans voix. Il a prétexté que les horaires d'entraînement l'auraient empêché de prendre son train pour revenir les fins de semaine. Ensuite, même si de façon peut-être un peu narcissique, j'apprécie qu'il me téléphone souvent, je le connais suffisamment pour savoir que cela est signe de mal-être, surtout lorsque je me rends compte en raccrochant qu'il n'avait en fait rien de particulier à me dire, sauf, être sûr que je réserve son billet de train pour le vendredi. Il y a eu aussi de nombreux échanges téléphoniques avec mes parents, soucieux de le voir souvent en retard ou se trompant de ligne de transport. Hélas malgré tout ces signes et bien que je pressentisse un problème, je ne m'attendais tout de même pas à l'entendre me supplier de ne pas le faire repartir, car il se sentait trop mal dans sa nouvelle classe, où il était le seul élève à venir d'une classe de troisième et surtout le seul mineur. Le plus âgé avait vingt-deux ans et l'ambiance générale était loin d'être studieuse. Il était l'objet de brimades diverses et moqueries variées. Il avait essayé de ne pas leur prêter attention et, d'ailleurs, ses très bonnes notes nous le prouvaient, mais il n'arrivait plus à faire face. Il ne voulait pas passer pour un trouillard, alors il ne se laissait pas faire, mais il se sentait seul et impuissant face à plusieurs jeunes adultes. Je compris que lorsque papi et mamie s'inquiétaient de le voir manquer trop souvent son transport scolaire, cela était dû au fait qu'il avait été empêché de partir. Il m'a dit aussi qu'il avait compris ce qu'il m'avait entendu dire concernant les dyslexiques que l'on laisse en échec et qui tournent mal. Car d'après ce qu'il avait ressenti, cette classe en était une preuve. Leurs fautes et leurs façons de lire étaient sans appel. Si au début il avait éprouvé de la compassion, il avait vite compris qu'il ne pouvait et ne devait pas s'y intégrer. Il m'a dit qu'il était prêt à téléphoner lui-même au principal du collège pour qu'il accepte de le reprendre en troisième. Il se souvenait qu'il restait en août une place dans une section professionnelle de notre secteur. Cela ne fait que depuis un mois que l'année a commencé et il n'est pas trop tard. Il dit être prêt à travailler deux fois plus que les autres pour les rattraper, mais pitié, tout sauf repartir. Donc après ce plaidoyer, je n'avais pas encore de solution mais une seule certitude, garder mon fils.

Il avait aussi assez peur de la réaction de ses grands-parents, car il craignait qu'ils lui en veuillent et qu'ils en fassent une affaire personnelle. Bien sûr, son grand-père et sa grand-mère ne veulent que son bien et il n'y a eu aucun problème. Je pense même que cela les a soulagés de savoir la vérité, car ils se posaient beaucoup de questions. J'ai envisagé un moment de lui faire faire une année par correspondance au cas où je ne trouverais pas une solution convenable, mais la chance était au rendez-vous. La conseillère éducative de notre lycée ne voulait pas se prononcer tout de suite sans avoir eu auparavant un entretien avec Pierre et vu ses résultats. Cette rencontre a été très positive, car moi qui connais mon fils, j'ai pu constater sa motivation et sa détermination. Donc désormais, Pierre a réintégré le nid. Son père avait raison. Il a aussi repris le rugby dans son club, celui qu'il connaît bien, et ses camarades de classe sont des jeunes de son âge, ni meilleurs ni pires que lui, mais comme l'on dit, sur la même longueur d'onde. Ses notes pour l'instant sont bonnes, et finalement cette section, qui, il y a quelques semaines à peine ne l'intéressait pas, semble lui convenir et lui plaire. C'est ce qu'il dit mais à sa façon de travailler, je me rassure. Il a même pris une deuxième langue vivante afin de pouvoir continuer après le BEP [28] car lorsqu'il se projette dans le futur, il est certain de continuer le plus loin possible ses études.

Damien, lui, continue sur sa voie, mais comme il se plaignait assez souvent de la sévérité de sa maîtresse, j'ai saisi la seule occasion qui s'est présentée pour lui dire que malgré la demande de mon fils, il me paraissait important qu'elle soit informée de ses difficultés afin de ne pas se méprendre sur son travail et surtout sur ses fautes. Je lui ai bien précisé

28. Brevet d'Enseignement Professionnel.

que le désir de Damien était d'être comme tout le monde. Elle a compris, je l'ai constaté quelques semaines plus tard, car si mon fils continue à trouver sa maîtresse sévère, il est content. Il n'a plus de zéro car elle a décidé en ce qui concerne l'orthographe de ne pas le noter tant qu'il ne serait pas en mesure d'obtenir une note positive. Elle l'encourage dans la marge de tous ses progrès, même minimes. Je me rassure en me disant que j'ai peut-être bien fait de trahir ce secret-là, encore qu'elle était sur le point de me convoquer puisqu'elle avait pris connaissance du dossier scolaire de Damien et voulait savoir où il en était dans ses rééducations. Lorsque pour les vacances de la Toussaint, il a apporté à la maison ses premiers contrôles à signer, je n'ai pu que le féliciter. Force est de constater que pour le moment, il s'en sort bien. Donc comme il ne faut pas changer une équipe qui gagne, pour l'instant il n'y a aucune raison de remettre en cause notre arrangement.

Le premier avantage pour William qui m'est apparu a été sa relation au temps et à l'heure. Il compte les jours entre ses retours à la maison et il sait toujours exactement combien il lui en reste. Le meilleur créneau horaire pour se téléphoner est treize heures. Si j'ai un peu d'avance ou de retard, il me le fait immédiatement remarquer, surtout le retard. Il n'a le droit de manger des friandises que les mercredis, samedis et dimanches. Alors je lui fais parvenir des colis en calculant la réception pour les mercredis des semaines où il ne rentre pas. Mais il a vite pris les choses en main et veille à vérifier l'expédition en tenant compte des délais postaux. Dès le deuxième jour, il pleurait tellement que nos conversations étaient difficiles au travers de ses sanglots et douloureuses car je me devais de tenir bon, et de lui dire en boucle qu'il fallait qu'il reste, qu'il allait pouvoir faire des progrès, que nous étions fiers de lui et qu'on l'aimait. Même le personnel de l'institut s'est ému de son chagrin et dans un élan de compassion, quelqu'un lui a dit que parfois, lorsque cela était trop dur pour un enfant, le médecin prescrivait un retour toutes les semaines. Une fois cette brèche ouverte, il a été difficile de lui faire entendre que cette possibilité, si elle existe, reste exceptionnelle et qu'elle est du domaine de la prescription médicale, que de toute façon, cela ne peut pas être envisagé si tôt car il faut plusieurs semaines de recul.

Comme nous l'avions pressenti, une fois la première quinzaine d'école passée, il a essayé toutes les stratégies possibles pour ne pas repartir. Il m'a dit qu'il avait bien réfléchi et qu'il n'était pas fait pour l'internat. Il m'a dit que dès qu'il avait le temps de penser, il pensait à moi et se sentait trop triste. Je lui ai dit que moi aussi, je pensais tout le temps à lui, mais que je n'étais pas triste car je sais qu'il m'aime. Que si on est sûr de l'autre, il n'y a pas de raison de se sentir triste. Lorsque je lui téléphonais, pratiquement à chaque fois la personne qui décrochait le téléphone me disait de ne pas m'inquiéter, car si eux aussi avaient constaté les larmes de mon fils, ils avaient constaté aussi que son stress n'était pas constant et que lorsque William était concentré dans une activité, qu'elle soit scolaire, sportive ou ludique, il était bien et efficace. Évidemment, cela ne changeait pas beaucoup la suite de ma conversation avec mon enfant, il était toujours aussi touchant et triste, mais cela me rassurait un peu, et puis je savais que très probablement lorsqu'il avait raccroché le téléphone, il devait aller mieux puisqu'il avait pu se libérer en me confiant sa détresse. C'est moi qui allais mal, mais je savais que c'était pour la bonne cause.

Après quelques semaines, toutes les familles ont été invitées pour une réunion à la suite de laquelle nous avons pu garder nos enfants pour déjeuner avec eux et passer une bonne partie de l'après-midi ensemble. À la fin de la réunion commune, nous avions la possibilité de discuter en privé avec les différents membres de l'institut. Nous avons appris que notre « cher ange » se disputait de façon assez vive avec ces pairs. Lorsque nous avons approfondi le problème, nous avons compris qu'à la suite de diverses bêtises commises par des enfants, il leur avait été expliqué que parmi les sanctions prévues, il y avait le renvoi temporaire à la maison. La conclusion m'est apparue assez évidente. Avec un loustic comme le mien, qui ne laisse jamais passer une opportunité pour arriver à ses fins, cette occasion était trop belle pour qu'il la laisse passer. La psychologue m'a dit qu'elle en discuterait avec lui, et moi je lui ai dit que j'allais dire à mon fils ma désapprobation concernant son comportement mais qu'au vu du peu de temps que nous avions ensemble, je ne voulais ni ne pouvais en faire plus. Nous avons aussi rencontré l'enseignant de mathématiques qui nous a confortés dans les capacités de William dans sa matière. Ensuite nous sommes partis pour le repas. Il était déjà tard, et le compte à rebours du temps qui nous restait à partager avait déjà bien démarré.

Magnifique, le petit village est vraiment magnifique et je suis encore une fois séduite par cet environnement à la fois grandiose et reposant qui est devenu le quotidien de mon enfant. Il était très content de faire le guide lorsque nous avons entrepris une ballade de tourisme pédestre. Mais il m'a fait constater que j'aurais été bien mieux inspirée de prévoir des chaussures de montagne. Car si magnifique que soit le décor pour les yeux, il était aussi douloureux pour mes pauvres pieds chaussés de talons. Le départ a été comme d'habitude douloureux, et j'ai encore une fois constaté que tous les autres parents avaient la même expression dépitée que moi, ce qui m'a finalement un peu amusée.

Tous les bilans sont enfin finis. Nous sommes invités le jour de reprise après les vacances de la Toussaint pour connaître avec précision les conclusions, ainsi que les pronostics concernant sa rééducation personnelle. Mais que le temps peut passer vite quand on est si bien ! Pouvoir se retrouver au quotidien tous ensemble réunis à la maison a été un vrai bonheur. William avait des devoirs, depuis son départ, c'est la première fois. Moi je devais remplir une fiche pour expliquer comment cela s'était passé, le temps qu'il avait fallu et aussi, bien sûr, si nous avions dû l'aider. Force est de constater que si c'était toujours le même enfant, il était à la fois pareil et différent. Pareil car les vieux réflexes étaient toujours là, et il a bien essayé de simuler la fatigue et la difficulté. Mais tout de même bien différent car il était autonome et, assez vite, il a réussi à tout finir, y compris les exercices pour lesquels il fallait écrire. Il était très fier de nous faire signer son cahier d'évaluation, et moi très fière de le signer. Ses notes étaient excellentes. Je le savais, car pour le retour de la dernière quinzaine, j'avais eu l'occasion de rencontrer la maîtresse qui assure le français.

Nous avons eu, grâce au découpage du calendrier scolaire, la chance d'aller, le temps d'une récréation, voir ses anciens camarades et le directeur de son ancienne école, auquel mon fils a tenu à montrer son cahier. William m'a confié plus tard qu'il était un peu inquiet en arrivant devant le portail, mais lorsque la cour a été envahie par les cris de joie de ses copains qui l'appelaient, il s'est tout de suite senti bien et heureux de voir que personne ne l'avait oublié. Même le directeur l'a félicité et encouragé dans ses efforts. Il a même convenu avec moi qu'il était assez regrettable d'avoir été obligé de choisir l'option actuelle pour William, même si cela se passe bien pour lui, car il est impossible actuellement d'imaginer des moyens aussi importants dans une école publique ordinaire pour que des enfants comme mon fils, intelligents mais différents, puissent s'épanouir, apprendre et rester chez eux.

14

J'ai eu un petit coup de colère, à cette même époque, car dans une discussion que je ne pouvais pas imaginer dévier sur ce sujet, j'ai entendu une personne dire d'un enfant qu'il était dyslexique et retardé. Bien sûr, après coup, je relativise en me disant que tout dépend de ce que l'on appelle « retardé », mais sur le moment, mon sang de mère n'a fait qu'un tour et j'ai implosé avant d'exploser. Si le diagnostic de dyslexie est établi, cela sous-entend forcément que l'enfant est intelligent. Il faut savoir ce qu'est la dyslexie. La définition la plus claire pour nous, non-spécialistes, est un retard d'apprentissage du langage écrit ou oral chez un enfant intelligent. Donc si l'enfant présente un retard mental, c'est que ses troubles ne sont pas de la dyslexie. Après quelques jours à ruminer cette mésaventure, j'ai compris pourquoi je m'étais sentie si blessée. Au-delà du fait de mes enfants, c'est parce qu'aujourd'hui, je mesure les conséquences psychologiques que peuvent entraîner de tels propos entendus par un enfant qui souffre déjà de ne pas être comme les autres. Forcément, sa souffrance est décuplée, car il est intelligent et comprend ce que les adultes pensent de lui. J'ai compris également que, d'une certaine façon, j'avais tort car à force de prendre du retard, si un enfant n'a pas la prise en charge adaptée, il finit par présenter des symptômes qui peuvent faire penser qu'il est retardé. Si j'écris finalement, c'est peut-être tout simplement pour être la porte-parole de tous ces enfants qui sont déjà affaiblis par leur problème, et qui, faute de soins et de bienveillance, peuvent baisser les bras. Il faut absolument ne plus utiliser le nom de dyslexie à tort et à travers. Cela correspond à un état bien particulier, et j'ai déjà lu sur une revue spécialisée que le diagnostic pouvait être constaté avec un scanner. Et puis si les nouvelles méthodes de lecture ne font pas, et je crois même loin s'en faut, des génies de l'orthographe, si les tests effectués en sixième condamnent à mort la fameuse dictée de Pivot, tout n'est pas dû à la dyslexie.

Quelques jours avant la reprise de l'école, William m'a annoncé que finalement il n'avait des difficultés qu'avec les **ures**. Je lui ai demandé ce dont il était question, il m'a dit : lec**ture**, littéra**ture** et écri**ture**. Toutes les autres matières vont très bien. Rapidement, je me suis énuméré le nom des autres matières scolaires et je lui ai dit qu'il avait raison, il n'y a vraiment que les **ures** qui coincent. Il a même ironisé en me disant qu'il valait mieux pour lui ne pas aller dans un club « guitare couture » en référence au film *Rrrhhh*. Lorsque le jour de la reprise et donc de la réunion concernant les premiers résultats est arrivé, la séparation a été très difficile, j'avais presque le sentiment de revivre la rentrée scolaire. William, lui, s'est carrément gâché les trois derniers jours de vacances en pensant à la reprise, mais n'a véritablement plus pu contenir son chagrin en passant la porte d'entrée de l'établissement. Heureusement, le personnel est habitué à soutenir et accompagner autant les enfants que les parents dans ces moments-là et la crise est passée. Les résultats étaient positifs. Tout le monde avait de bons pronostics sur les objectifs possibles dans la rééducation de mon petit. Son orthophoniste a été amusé par l'histoire des **ures** et m'a dit que cela serait l'objet de sa prochaine séance.

Encore une fois en revenant à la maison ce jour-là, je me suis sentie tiraillée entre ma douleur de laisser mon fils et la satisfaction de le savoir dans cet institut. Je suis toujours très critique face aux personnes qui passent leur temps à se plaindre. Je pense que lorsque l'on veut se permettre de remettre en question un système quel qu'il soit, il faut aussi être capable de proposer des solutions. En clair, je crois à la critique lorsqu'elle est constructive. Il est donc évident que toutes ces pages ne peuvent avoir de sens que dans la mesure où je suis apte à proposer des pistes de réflexion pour modifier et améliorer ce que je considère comme nécessaire.

– **Le regard des parents** : il ne faut plus présumer coupables nos enfants lorsque leurs résultats scolaires sont insuffisants, avant d'avoir entrepris d'en chercher la cause. Il serait bon de savoir appliquer à la maison le même principe que l'on sait appliquer à la justice et qui est le « présumé innocent ». La première conséquence serait de ne plus abîmer l'image qu'ils ont d'eux-mêmes et qui se dégrade très vite lorsque les enfants ont le sentiment de faire de leur mieux. Très vite, l'impression d'injustice fait place au : « Vous pensez que je suis nul alors je deviens nul ». Si toutefois votre chère tête blonde est malgré tout en train de se faire pousser un poil dans la main, il ne sera pas trop tard pour agir ;

– **La méthode de lecture** : à force de crier tous les ans que les élèves de sixième sont mauvais en lecture et en orthographe, il faut peut-être se poser la question du pourquoi ? Pour ma part je ne crois pas à la dégénération de l'espèce humaine. Les enfants d'aujourd'hui ne sont pas moins aptes à apprendre que leurs aînés. Une des grandes différences est, je crois, la méthode d'apprentissage. Et j'ai appris en discutant avec une orthophoniste que souvent elles utilisent la méthode qui associe un geste avec un son. J'ai même appris que cette méthode était la seule pour laquelle il n'y avait pas d'échec. Elle est même excellente pour l'apprentissage avec des enfants dyslexiques. Ce qui est bon pour un dyslexique l'est aussi pour le reste de la classe. Donc pourquoi ne pas la généraliser. J'imagine que la mise en route d'un tel changement ne serait pas plus compliquée que celle jadis de la généralisation de la méthode globale ;

– **Les orthophonistes** : quiconque a un jour essayé de prendre un rendez-vous a constaté la longueur d'attente pour l'obtenir. J'ai toujours trouvé cet état de fait assez curieux. Pourquoi ne sont-elles pas plus nombreuses ? Tout simplement parce que le nombre de places dans cette formation est bloqué. Si on fait le calcul de toutes les pathologies dont elles ont la charge en rééducation, cela est vraiment incompréhensible dans une société de marché. Il y a la demande mais l'offre est bloquée. Dans un département que je connais bien, le mien, il y a 28 orthophonistes salariées ou libérales, et 2 597 enfants à risque de 5 à 19 ans (10 % des enfants). Cela fait 93 enfants par orthophoniste par semaine, pour une séance chacun. En travaillant non-stop 35 heures par semaine, cela fait 37 minutes hebdomadaires par enfant. Bien sûr sans pouvoir accepter en rééducation aucun autre type de pathologie. Donc le bon sens est sans appel, il faut revoir à la hausse le nombre de places dans les écoles de formation, en rêvant, pourquoi pas, d'intégrer cette spécialité dans les équipes éducatives scolaires, comme cela est déjà le cas, je crois, dans certains pays scandinaves. Que ce soit les orthophonistes qui viennent à l'école ou plus, les enfants qui soient déscolarisés pour aller chez elles, changerait certainement la façon de voir de chacun. Que l'on ne vienne pas me dire qu'il est impossible d'intégrer cette profession dans une équipe scolaire, car il y a déjà des médecins, des infirmières et des psychologues scolaires, par conséquent, le médical a aussi sa place à l'école.

– **Arrêter de voir des dyslexiques partout**: comme je l'ai déjà dit, la dyslexie est un trouble bien spécifique qui ne peut pas absorber toutes les misères scolaires. Sa particularité est visible au scanner. Mais savoir se poser la question lorsqu'un enfant présente les signes suivants:

– retard de langage ou langage pauvre,

– absence d'automatisme de lecture après plusieurs mois d'apprentissage,

– inversion et confusion de lettre (b, p ou t, d...),
– inversion ou omission de lettre ou de son,
– fatigabilité et lenteur excessive,
– manque de concentration,
– blocage en lecture devant les sons complexes,
– vilain graphisme, beaucoup de ratures.

La liste de ces symptômes n'est pas complète, je ne veux parler que de ceux que je connais, mais elle représente une bonne majorité du et des signes qui doivent nous alerter. Mais en l'état actuel de notre société, dyslexie est synonyme de souffrance et son nom ne doit pas être utilisé à tort et à travers ;

– **Le handicap** : les premiers cas de dyslexiques ne sont bien connus que depuis que l'école est devenue obligatoire. Cela veut dire qu'avant, il n'y avait aucun problème particulier d'intégration pour eux. Si la dyslexie est répertoriée comme un handicap par l'OMS, c'est à mon avis parce que, faute de mesures et de soutien, les dyslexiques risquent de devenir des inadaptés sociaux. Aujourd'hui, c'est un comble, et si notre société n'est pas capable de mettre en œuvre des moyens humains, elle pourrait au moins profiter et optimiser au maximum la grande révolution de notre époque. Je veux bien sûr parler de l'ordinateur. Certains programmes sont aujourd'hui très performants pour corriger l'orthographe, voire même pour écrire, sous la dictée, avec des systèmes de reconnaissance vocale. Il suffirait juste de ne pas oublier de juger sur le fond moins que sur la forme. L'informatique n'est qu'un outil qui ne travaille pas à notre place, mais traduit le résultat de notre pensée. Je serais même prête à prendre le pari que les dyslexiques pourraient sans peine faire partie de l'élite de notre civilisation. Il me reste l'espoir, et tant qu'il y a de l'espoir…

15

Depuis le début de ce récit, j'ai toujours fait en sorte de ne pas m'étendre sur la dyslexie de mon mari. Aujourd'hui nous sommes séparés. Peut-être que l'investissement que j'ai mis dans le soutien à nos enfants lui a renvoyé le manque qu'il a subi dans ses difficultés d'enfant. Que cette réalité lui était insupportable au quotidien. Sans que cela puisse tout expliquer ou excuser, c'est probablement une des raisons de son peu de présence dans notre quotidien et dans l'éducation de ses enfants : mais les faits sont là, le capitaine a quitté le bateau. Pourtant la traversée n'est pas finie, il faut tenir le cap et essayer de ne pas dériver. Au fur et à mesure des semaines qui s'écoulent dans ce nouveau quotidien qui est devenu le nôtre, je me demande s'il était vraiment le capitaine. Peut-être pas, après tout, dans ce nouveau défit que je dois relever aujourd'hui seule. Je constate que ce mot n'est nouveau que dans le fond, dans la forme il l'est depuis toujours.

Plus que jamais, je me réjouis de savoir que William est loin, protégé dans un établissement spécialisé, où il semble continuer sur la bonne voie. Il progresse. C'est bien pour lui. Il m'a demandé d'espacer mes appels téléphoniques, et même la séparation entre ses parents n'a pas modifié cette nouvelle organisation. Il va bien, je crois. Je suis fière de lui et je suis fière de moi. Le laisser partir dans cette école aura certainement été la décision la plus difficile, mais aussi la meilleure que je pouvais prendre par amour pour lui. Il vient d'apprendre que la durée du séjour dans son centre peut être modulée. En principe, et c'est le cas de la grande majorité des enfants, elle dure deux ans. Elle peut être rallongée d'un an si l'équipe médicale pense ce supplément nécessaire, mais elle ne peut durer qu'un an lorsque l'enfant progresse vite. Lorsqu'il m'a expliqué cela, j'ai rapidement constaté que mon William avait son regard malicieux. Je n'ai donc pas été très surprise de l'entendre dire que lui, et il en était certain, ne resterait dans cette école qu'une année. Si cette nouvelle détermination pour progresser est, je dois le reconnaître, rassurante de la part de William, elle n'en est pas moins à ce stade quelque peu utopique car il commence à peine à lire. Je lui ai donc rappelé que ce ne serait pas lui qui prendrait cette décision mais les adultes qui s'occupent de lui, que pour sa part, il fallait qu'il fasse toujours de son mieux, qu'il travaille sérieusement et que s'il avait raison ce serait fabuleux pour nous tous, mais que pour ne pas être déçu il valait mieux qu'il garde bien en tête que le programme là-bas est prévu sur deux ans.

Damien, lui, est de plus en plus autonome. Il a pris l'habitude de faire ses devoirs avec un de ses camarades et tantôt chez nous, tantôt chez son copain, il se débrouille. Les résultats sont très corrects, même en dictée, il a fréquemment la moyenne. Lorsque je me remémore mes inquiétudes passées concernant le manque d'amélioration que je constatais alors qu'il allait en rééducation, je ne peux que rester très humble face à tout le travail accompli en amont avec son orthophoniste. Cette femme lui a donné au fil des ans tous les morceaux d'un puzzle qu'il a mis de côté quelque part dans sa mémoire, en attendant la maturité suffisante pour pouvoir les utiliser.

Celui pour lequel cette année scolaire-là aura été la plus laborieuse, c'est Pierre. Il a intégré une nouvelle section au milieu du premier trimestre, puis l'équilibre de sa famille a volé en éclats. Il n'est plus, hélas, parvenu à se mobiliser en ce qui concerne ses études. Finalement, il est parti rejoindre son père et il a donc changé une nouvelle fois de lycée.

16

C'est avec une forte dose de stress et de souffrance qu'il me fallut trouver le maximum de bien-être afin que Damien ne se mette pas lui non plus à dériver et maintienne son courage et ses efforts dans la préparation de sa future sixième. Il avait la chance d'avoir comme enseignante une maîtresse sans préjugés et bienveillante dans son rapport aux élèves et il avait acquis suffisamment d'autonomie. Malgré le manque constamment formulé de ses frères dans son quotidien, il n'avait pas fléchi dans son travail scolaire.

William était, du moins me semble-t-il, concentré sur ses progrès. À chacun de ses retours, je pouvais constater qu'il passait plus de temps à me raconter ses victoires scolaires et ses activités sportives, qu'en commentaires sur le nouveau visage de notre famille. Lorsque l'heure fut venue de me rendre dans son institut pour y entendre le bilan de l'année, je fus à nouveau prise de panique, comme au tout début, à l'époque de l'intégration de William. L'infirmière de cette école, en me téléphonant pour fixer ce rendez-vous, m'avait informée de la présence de mon ex-mari pour entendre lui aussi le bilan de notre fils. Je m'étais essayé à mettre en doute l'intérêt que son papa pouvait porter dans la scolarité ou la rééducation de son fils, et donc mettre à l'hypothétique l'effort de sa présence. L'infirmière m'avait immédiatement rétorqué qu'elle lui avait parlé dernièrement par téléphone et qu'il avait tout de suite confirmé sa venue. Elle m'avait vivement conseillé de ne pas oublier l'importance du rôle des papas. Peut-être de façon égoïste je me sentis dépossédée dans la reconnaissance de mes efforts, car il avait suffi d'un coup de téléphone pour qu'un homme qui ne s'était jamais impliqué dans l'éducation de son fils soit travesti en papa modèle. Toutes mes craintes volèrent rapidement en éclats dès mon arrivée en constatant le fauteuil vide dans la salle de réunion, et l'air dépité de l'infirmière. Malheureusement pour mon fils, j'avais raison, mais par chance heureusement, personne n'avait évoqué la présence de son papa à William.

Ce bilan fut assez bref. William avait fait d'énormes progrès, tout le monde était unanime. Le seul hic était dans le stress qu'il éprouvait pour se concentrer depuis que ses parents vivaient séparés. Il supportait difficilement, selon ses éducateurs, l'éloignement du nid et plus précisément de ne pas pouvoir être près des siens en ces temps difficiles. Cependant, compte tenu des progrès spectaculaires accomplis, le maintien de William dans ce centre n'était plus indiqué. Il avait donc fini son programme et réintégrerait dès la rentrée prochaine l'école de notre village en CM2. Il devra bénéficier bien entendu d'un fort soutien orthophonique (au moins trois séances par semaine) car il n'avait pas encore compensé tous les troubles scolaires causés par sa dyslexie, et également un soutien psychologique, une fois par semaine, car il présentait un trouble fréquent chez les enfants précoces, une différence assez significative entre sa maturité intellectuelle et sa maturité affective. Son dossier de demande de réintégration dans une classe ordinaire était déjà dans le circuit postal via notre académie. Nous étions un vendredi après-midi et William avait été informé de ma présence ainsi que du fait qu'il pourrait rentrer exceptionnellement passer le week-end chez lui. À moi le plaisir de lui annoncer la bonne nouvelle.

Il ne restait que quelques semaines d'école et pour William, elles avaient pris, depuis qu'il savait que son temps à l'internat touchait à sa fin, un petit goût de vacances et de liberté. Moi j'étais tiraillée entre le bonheur de retrouver mon petit garçon et la crainte de revivre à nouveau tous les jours ses souffrances. Cette année scolaire nous avait certainement permis de couper enfin ce fameux « cordon ». William était maintenant assez autonome dans de nombreux domaines et je ne voulais pas tomber dans le piège de la facilité et réduire à néant les progrès accomplis. Mon William était rusé, je le savais, et il avait l'art de se désinvestir à mes dépens de tout ce qui ne lui plaisait pas de faire.

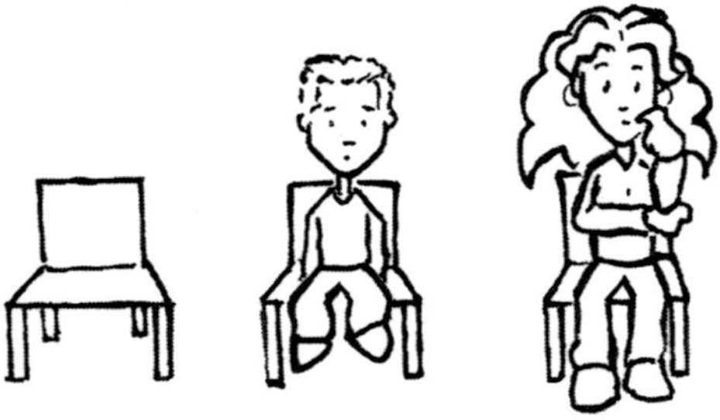

17

L'après-midi de la fête de fin d'année de l'école de Damien, j'étais comme tous les autres parents bien installée sur un banc faisant office de gradin, et j'attendais que ma progéniture fasse son spectacle. Je savais que le thème était *Le petit prince*, mais je ne savais pas que Damien allait se retrouver derrière un micro pour lire autant de passages de Saint-Exupéry. J'étais très anxieuse, je redoutais le moment ou une vilaine accroche lui ferait perdre ses moyens, mais il n'en fut rien. Sa lecture était limpide et calme, très agréable à écouter. Plus tard, sa maîtresse m'a confié qu'elle avait décidé de le laisser faire car Damien s'était porté volontaire pour ce rôle. Ensemble ils avaient beaucoup travaillé. Elle était, elle aussi, très fière du résultat. Elle garderait longtemps le souvenir de cette année; non seulement parce que c'était sa première année d'enseignement et que cela est toujours une année particulière dans une carrière, mais aussi parce qu'elle ne s'attendait pas à trouver sur sa route un enfant comme mon fils, porteur d'énormes difficultés mais d'une volonté encore plus énorme pour les dépasser. Elle était triste de le quitter car elle avait beaucoup appris avec lui. Cette jeune femme venait avec ses quelques mots de m'offrir un vrai moment de bonheur dans ma vie de maman d'enfants dyslexiques. L'économe du stylo rouge et l'incapable de se documenter étaient bien loin de cette enseignante.

Les vacances d'été auront cette année-là un goût qui jusque-là m'était inconnu. Pierre est revenu à la maison avec l'idée de ne rester avec nous que le temps des vacances, mais quelques jours avant la rentrée, son père lui a annoncé qu'il ne souhaitait pas le reprendre. Il lui a dit de rester avec moi. Cette nouvelle ne m'a étonnée qu'à moitié, puisque mon ex-mari n'avait pas voulu exercer son droit de garde du mois d'août. L'événement marquant de ce mois de juillet aura sans aucun doute été la rencontre d'un adolescent, Nicolas. Il était à peine plus âgé que Pierre et il venait avec sa famille de s'installer dans notre commune. Il avait été quelques années auparavant interne dans le même centre que William et semblait souffrir encore terriblement des troubles de sa dyslexie. En apprenant leur point commun,

Nicolas et William ont immédiatement échangé sur leurs expériences au sein de leur école. Ils trouvaient sans cesse des petites histoires à se raconter. Un soir, Nicolas me dit d'être prudente avec William car en le regardant, il avait l'impression de se revoir en un peu plus jeune et il savait qu'il avait fait une belle pause de deux ans dans sa souffrance au sein de cet institut. Il savait également qu'il avait pu apprendre là-bas la quasi-totalité de ce qu'il savait aujourd'hui, mais qu'après son retour à la vie normale, ses problèmes avaient ressurgi, ainsi que les humiliations. Désormais il ne voulait plus aller à l'école quelle qu'elle soit (cela lui était impossible...) De toute façon, il n'avait plus besoin de l'école car il avait trouvé des amis qui avaient toujours des projets lui permettant de vivre correctement en gagnant un peu d'argent.

Depuis le premier jour, j'avais trouvé que Nicolas possédait une personnalité très attachante. Il était assez charismatique, mais surtout j'avais le sentiment, en le regardant, de voir mon William en un peu plus vieux. Ses paroles, ce soir-là, me confortèrent dans ce que je pressentais pour l'avenir. En ce qui concernait les sous-entendus de petits trafics, je ne fus pas surprise, car depuis son arrivée, cela était de notoriété publique, mais il ne s'agissait à ma connaissance que de bêtises d'adolescents un peu paumés. Je lui fis tout de même une leçon de morale sur les risques pour son avenir. Les vacances se sont poursuivies doucement, et Nicolas venait de plus en plus souvent à la maison. Il passait beaucoup de temps avec Pierre. Je dois bien reconnaître que je n'ai pas compris tout de suite le danger de cette relation. Nicolas était en fait d'assez mauvaise influence sur Pierre, qui lui-même avait perdu ses repères et était en recherche de nouveaux. Nicolas avait déjà une assez bonne expérience pour son âge dans la délinquance. Il avait de lui-même une si mauvaise image qu'il n'essayait presque plus de se reprendre en main. Je le trouvais pourtant toujours aussi charmeur et attachant, et c'est sûrement ce qui me fit le plus frémir. J'avais eu raison de lui trouver un point commun avec un membre de ma famille, mais je m'étais trompée de personne. Je ne projetais pas William en plus grand, mais son père en plus jeune. Même si l'exemple ne fait pas la règle, j'avais devant les yeux les résultats de l'enquête dont j'ai déjà fait état. C'était terrifiant de réalisme. Quel gâchis !

18

Le temps de l'école revint. Mes trois enfants avaient réintégré le nid, mais je savais que tout ne serait pas facile. Le premier trimestre de Pierre se passa exactement comme j'avais pu le craindre au plus profond de mes moments de pessimisme. La feuille ou plutôt les feuilles de relevés des absences injustifiées étaient sans appel. Pierre avait vraiment décroché des études. Il ne tentait même pas de se justifier, car il niait en bloc ce relevé. Il essaya même de me faire croire que c'était les surveillants du lycée qui avaient commis des erreurs. Pourtant son bulletin aussi était sans appel, il était médiocre, du moins dans les quelques matières ou Pierre était encore un peu présent.

Concernant Damien, j'avais pu rencontrer dès les premiers jours de la rentrée son professeur principal. Cette enseignante avait pris connaissance de son dossier scolaire et était donc déjà au fait des difficultés de mon fils. Elle comprenait très bien le désir de Damien concernant son refus de séances de rééducation et d'ailleurs, elle le trouvait certes maladroit et brouillon mais aussi volontaire et travailleur. L'entretien avec cette personne se passa rapidement mais efficacement. Elle comprit sans peine mes craintes de devoir rencontrer l'ensemble de ses pairs au risque, avec certains, de répéter ma petite histoire pour rien. Elle savait elle aussi que certains professeurs n'apprécient pas vraiment que les parents leur donnent des conseils… Elle servirait donc de porte-parole pour informer ses collègues et ne manquerait pas de m'aviser au fur et à mesure des besoins. Lorsque le premier trimestre arriva enfin à son terme, et que le précieux bulletin de notes arriva entre mes mains, je constatai que, malgré les moyennes un peu faibles de Damien, les commentaires de ses professeurs allaient tous dans le même sens de l'encouragement. Ils faisaient tous preuve de tolérance et certains même voulaient inciter Damien à davantage prendre la parole afin de pouvoir compléter leurs notations sur son travail écrit.

J'avais contacté au printemps précédant l'orthophoniste de William pour l'informer du retour de mon fils et réserver les trois séances hebdomadaires qui lui seraient nécessaires. Elle m'avait assuré qu'en dépit des quatre-vingt-dix enfants qu'elle et ses collègues avaient en liste d'attente au cabinet, elle ferait de son mieux afin que William bénéficie de sa rééducation dès la rentrée des classes et pérennise les progrès acquis en institut. Je ne voulais pas risquer de traumatiser dès le premier jour d'école l'enseignante de William, alors j'avais décidé de laisser passer deux ou trois jours avant de prendre rendez-vous pour me présenter et, si besoin, aider sa maîtresse à comprendre les raisons de la déscolarisation puis du retour de mon fils. Hélas ce petit délai si bien prémédité ne servit à rien, car la maîtresse venait d'être remplacée le matin même pour le premier trimestre par un maître qui n'était pas plus averti de mon rendez-vous que des difficultés de William. Ce jeune enseignant semblait attentif à mes explications que je m'efforçais de rendre les plus claires et synthétiques possible, compte tenu du contexte pour le moins improvisé de cet entretien.

Tout semblait donc se mettre en place au mieux. Je venais d'avoir la confirmation des rendez-vous orthophoniques et psychologiques. Le maître ne m'était pas apparu réfractaire face à toutes les séances de soins qui allaient éloigner William des bancs de classe. Cet homme était comme moi assez inquiet, considérant que William venait d'apprendre à lire et qu'il devait être prêt pour le collège l'année suivante. L'orthophoniste avait accepté que William ait un petit carnet de liaison entre elle et l'école, afin de pouvoir échanger en permanence avec le maître. Cela sera un trait d'union et de cohésion d'équipe. Je voulais garder le contrôle de ce qu'il m'était possible de maîtriser. Je souhaitais vivement obtenir que les trajets de William pour se rendre chez les soignants soient effectués en taxi. Il devait maintenir et progresser dans sa nouvelle indépendance vis-à-vis de moi. Il était hors de question de prendre le moindre risque de régression, pour nous, le cordon avait été bien assez compliqué à couper. Après avoir fait le point de la situation avec notre médecin de famille, j'étais confiante dans le bien-fondé de ma requête. Le premier après-midi où William devait se rendre chez son orthophoniste, j'ai reçu un coup de téléphone de la directrice de son école m'informant que pour des raisons administratives, William ne sortirait pas des locaux de l'école tant qu'un PAI ne serait pas entériné par l'académie. Malheureusement l'organisation d'une telle réunion pourrait prendre plusieurs semaines. Ma capacité de réaction étant toujours assez bonne, après avoir prévenu par téléphone l'orthophoniste de ce pénible contretemps, j'ai immédiatement appelé le médecin-conseil de l'académie. Scandalisée par les lourdeurs administratives et leurs conséquences graves pour les enfants, cette femme m'a immédiatement assurée de son soutien. Il n'était pas plus question pour elle que pour moi de mettre entre parenthèses les soins de William à cause d'une réunion qui ne serait finalement, dans son cas, qu'une simple formalité. Elle me demanda de signer une autorisation de sortie de l'école pour mon fils et, de son côté, elle allait s'arranger avec l'inspecteur et l'école pour rectifier l'absurdité de cette situation. La chose fut faite le jour même et c'est ainsi que dès le lendemain, William se retrouva assis dans son taxi en direction du cabinet de l'orthophoniste.

Le PAI eut lieu la semaine suivante. Les orthophonistes en général n'ont pas le temps de se déplacer pour ces réunions et les psychologues étant tenus au secret professionnel n'y viennent pas non plus. C'est donc sans les soignants que la réunion se passa et la secrétaire de l'académie envisagea pour cette raison la possibilité de la nullité de la séance. Heureusement, cela n'arriva pas. J'appris durant cette même réunion que dès à présent dans notre département, il était possible d'obtenir une aide en classe au collège pour les enfants handicapés. Bien que la dyslexie soit un handicap invisible à l'œil nu, elle pénalise tellement dans certains cas, comme celui de William, que l'obtention d'un adulte près de lui pour l'aider en classe me sembla une chance de plus pour mon fils de réussir sa scolarité, bien que cette solution, j'en suis convaincue, soit loin d'être la plus appropriée concernant la dyslexie. Il fut tout de même décidé d'en faire la demande durant le courant du deuxième trimestre. Comme souvent, nous ne devions pas perdre de vue que le nombre de dossiers de demandes était très largement supérieur au nombre des postes d'aides disponibles… Je suis certaine aujourd'hui, bien que je ne me fasse plus beaucoup d'illusions à ce sujet depuis longtemps, que chaque nouvelle journée d'école pour mon fils est une nouvelle bataille contre ses difficultés et contre l'ignorance. Pour moi, ces journées scolaires sont synonymes de stress. Je dois toujours être prête pour réagir. Dernièrement, j'ai dû me résoudre à faire une demande de prise en charge à 100 % pour les transports en taxi (ils avaient été rejetés). J'ai eu gain de cause. Maintenant William peut se rendre à ses rééducations en taxi.

Mais que personne ne se fasse d'illusions, je sais que c'est ce dont mon fils a besoin aujourd'hui, tout comme mon prochain combat pour l'aide en sixième, mais ces mesures seront provisoires. Elles ne dureront que le temps nécessaire pour que William maîtrise son handicap car s'il est, et restera dyslexique toute sa vie, dans quelques mois (ou un peu plus), il saura compenser ses troubles. Son handicap n'est qu'une étape de sa vie, il en sortira... Les cocons qui enferment les chrysalides les libèrent lorsqu'elles sont des papillons. Son orthophoniste, lors de notre dernier entretien, déplorait ne jamais avoir vu de tout le trimestre le fameux carnet. William avait donc été privé de ce qui aurait dû être un travail d'équipe. Il serait plus que regrettable d'avoir fait goûter au paradis scolaire (paradis de cohérence et d'efficacité) à un enfant durant sa déscolarisation en cure pour le remettre en postcure dans l'enfer de la médiocrité et des préjugés.

Conclusion

À tous les parents qui rencontreront un jour le même problème que moi, j'ai envie de dire qu'il ne faut jamais perdre de vue l'essentiel. Nous ne sommes que des tuteurs qui aident à pousser droit, nous devons apprendre à aimer nos enfants pour eux et non pour nous. Les aimer pour ce qu'ils sont et non ce qu'ils font. Ils font ce qu'ils peuvent. Le système scolaire dans lequel nous mettons nos enfants est très imparfait, très inégal d'une école à l'autre, d'un enseignant à l'autre, mais il a le mérite d'exister. En attendant des mesures courageuses de refonte globale du « mammouth », les parents doivent se munir très vite d'un solide bâton de pèlerin, et de temps à autre le transformer en matraque de CRS [29] pour enfoncer les portes de certaines administrations butées.

29. Compagnie Républicaine de Sécurité.

Il existe aujourd'hui plusieurs associations ayant des antennes sur tout le territoire. Elles se révèlent précieuses pour informer et soutenir les familles. Je ne suis la conscience de personne, mais je sais ce dont les enfants ont besoin. Je connais les épreuves que j'ai traversées avec eux comme d'autres mamans. L'association Apedys [30] est une association de bénévoles passionnés et honnêtes qui n'ont pas eu peur d'imploser leur structure (qui avait pignon sur rue et trente ans d'expérience) pour rester fidèles à leur éthique fondée sur l'écoute, le soutien et l'information. C'est auprès d'une de ses membres qu'il y a quelques années, je suis allée trouver le réconfort et l'énergie pour avancer. Je vous l'ai déjà dit, les dyslexiques sont entre 8 et 10 % de la population. Cela représente un nombre considérable de familles désorientées pour certains esprits avides, prêts à vendre des méthodes miraculeuses et s'enrichir sur les difficultés des enfants. Restons prudents face à tous ces vendeurs de chimère qui n'en veulent qu'à notre pouvoir d'achat. Ne laissons pas nos enfants devenir les nouveaux petits rats de laboratoires qui entretiendraient simplement de pseudo-chercheurs. Les seules choses nécessaires pour nos enfants sont plus de temps, d'amour, d'enseignants et de rééducateurs ayant des méthodes efficaces. Battons-nous pour que demain, les orthophonistes soient plus

30. Association de parents d'enfants dyslexiques.

nombreux(ses). N'acceptons le mot *handicap* qu'associé au mot *intermittent*, comme me l'a dit avec pertinence Michèle Gola Malaterre, sinon bientôt cette qualification pourra faire des dyslexiques une main-d'œuvre extraordinaire. 10 % de travailleurs moins coûteux pour les entreprises font certainement saliver certaines personnes mais cela ne doit pas arriver. Une bonne partie des dyslexiques peut prétendre, sans orgueil, à beaucoup mieux.

Épilogue

Pierre a quitté le système scolaire. Dans quelques mois, il sera majeur, il (je crois) bricole de-ci, de-là… Il prétend qu'il va reprendre ses études et suivre enfin une formation, l'année prochaine. Il me l'a dit. Lorsque je me remémore son parcours scolaire, j'éprouve de l'amertume concernant certains actes pour lesquels je n'ai pas mesuré en temps utile les conséquences. Je fais évidemment référence à l'avertissement demandé par son professeur d'allemand qui avait été accepté par ses collègues, poussés par un élan fraternel mais oublieux des répercussions que cela allait avoir pour leur élève : perte de motivation, aucun rattrapage possible pour les quelques centièmes de points manquants au brevet et surtout, le début de la spirale de l'échec. L'école pour lui n'a pas été là pour l'aider à réussir. Quel gâchis !

Damien est parti passer l'année scolaire avec son frère aîné et son papa. Ce dernier n'ayant pas informé son nouveau collège de ses difficultés, il n'a donc plus aucun aménagement spécifique. Ses notes sont catastrophiques, il me semble déprimé, il perd confiance en lui et souhaite revenir près de William et de moi. Son dossier médical n'étant plus en ma possession, je me suis fait refaire par son ancienne orthophoniste un récapitulatif. Il est désormais entre les mains de son professeur principal qui en fera certainement bon usage. L'année prochaine, peut-être sera-t-il à nouveau à la maison ?

Désormais William est au collège, il n'a plus de suivi psychologique. La succession de thérapeutes en charge de l'aider a fini par le décourager : il n'a pas compris que son dossier suivait de l'un à l'autre ; il ne pouvait plus s'investir efficacement. Il n'a donc pas eu droit à cette fameuse aide, il n'est même pas en liste d'attente, car les techniciens qui examinent les dossiers considèrent que, n'ayant plus qu'une prise en charge en orthophonie, il n'a plus le profil de ce type de soutien. Après de nombreux entretiens avec le principal de son collège et ensuite avec ses professeurs, mais également d'autres membres de cette grosse machine parfois trop lourde qu'est l'Éducation nationale, je pense qu'il y a, là-bas aussi, des personnes qui savent tendre la main à un enfant en difficulté. Et si de temps à autre, certains m'ont trouvée trop pugnace, qu'ils sachent que je ne peux hélas pas leur promettre de changer. De leur attitude vis-à-vis des enfants dépendra la mienne envers eux. Et si je suis toujours prête à réagir..., je n'aspire pourtant qu'à la paix. Dans quelques semaines que j'espère les plus courtes possible, William va pouvoir bénéficier d'un équipement (ordinateur portable avec un programme à dictée vocale) destiné à alléger ses difficultés pour certains devoirs. Je sais maintenant que la livraison est proche, car c'est moi-même qui ai reconstitué le dossier que l'usine à gaz se prenant pour une multinationale avait égaré. Il devrait également pouvoir obtenir un soutien personnel en français, lui permettant de combler les lacunes accumulées au fil des années d'école primaire, du temps où son handicap était encore plus fort.

Avant de terminer, je tiens à dire aux lecteurs qui se seront offusqués de certaines répétitions qu'il ne sert à rien de m'écrire pour me les signifier. Elles sont volontaires. Certaines phrases humiliantes, que les enfants vont devoir entendre itérativement toute leur scolarité souffriront bien de mes quelques redites pour contrepartie.

Qui sont-ils et que font-ils dans le cheminement d'un enfant dyslexique ?

Avertissement : les compétences des organismes ou professionnels ci-dessous vont bien au-delà de mon simple descriptif qui est centré autour de la dyslexie. En ce qui concerne mon avis, il est fondé sur mon vécu, et comme le dit souvent William : « Même si c'est dur, ça s'améliore ! »

En premier lieu, il s'agit de poser avec certitude le diagnostic de dyslexie.

– Avec un neurologue,

Suivant les résultats du bilan effectué (le déroulement du bilan est quasiment le même que chez une orthophoniste). Celui-ci pourra demander un suivi orthophonique. Il rédigera également, si cela est opportun, un courrier à l'attention de l'enseignant de votre enfant afin que lui soit facilité l'accès aux soins ;

– Avec une orthophoniste,
Pour cela, il faut une ordonnance prescrite par le médecin généraliste ou le pédiatre de demande de bilan orthophonique avec rééducation si nécessaire.

Mon avis : garder une photocopie de tous les documents même si cela semble inutile, cela vous servira certainement un jour ou l'autre.

Le bilan chez un orthophoniste

Durant un entretien préliminaire avec la famille, l'orthophoniste fait le point des antécédents médicaux du développement de l'enfant ainsi que des difficultés constatées. Ensuite, différents tests techniques sont réalisés (parfois en plusieurs séances) et sans la présence des parents pour déterminer les troubles, s'il y en a, de la communication orale et écrite. Si une rééducation s'avère nécessaire, l'orthophoniste établit une demande d'entente préalable auprès de la Sécurité Sociale pour des séances pouvant aller jusqu'à cinquante à la première demande renouvelables par série de vingt. Le bilan ainsi que les séances de rééducation sont pris en charge généralement à 60 % par la Sécurité Sociale, le reste étant pris par les mutuelles complémentaires.

Mon avis : vérifiez si votre mutuelle pratique le tiers payant pour la rééducation orthophonique, cela vous évitera l'avance des frais.

Le choix de l'école

Désormais vous pouvez choisir l'école de votre enfant. L'habitude est qu'un enfant soit scolarisé dans l'école la plus proche de son domicile, mais vous pouvez faire une demande de dérogation adressée à l'inspecteur d'académie. S'il y a des places dans l'établissement demandé, votre demande sera acceptée d'office. Lorsque les capacités d'accueil sont atteintes, l'inspecteur d'académie attribue, suivant l'avis de la commission d'affectation, les dérogations selon l'ordre des priorités suivant : les élèves handicapés, les élèves bénéficiant d'une prise en charge médicale importante à proximité de l'établissement demandé, etc.

Mon avis : n'hésitez pas à vous renseigner sur la méthode d'apprentissage de la lecture utilisée.

La Maison Départementale des Personnes Handicapées (MDPH)

La loi du 11 février 2005 pour l'égalité des droits et des chances, la participation et la citoyenneté des personnes handicapées définit le handicap dans toute sa diversité : « Constitue un handicap, au sens de la présente loi, toute limitation d'activité ou restriction de participation à la vie en société subie dans son environnement par une personne en raison d'une altération substantielle, durable ou définitive d'une ou plusieurs fonctions physiques, sensorielles, mentales, cognitives ou psychiques, d'un polyhandicap ou trouble de santé invalidant ». C'est ainsi qu'a été créée dans chaque département une MDPH pour accueillir, informer, conseiller et accompagner les personnes handicapées et leur famille. La MDPH organise l'équipe CDAPH qui va évaluer les besoins de l'enfant dyslexique. Elle est en contact permanent avec l'enseignant référent.

La Commission des Droits et de l'Autonomie des Personnes Handicapées (CDAPH)

La CDAPH remplace la Commission Départementale de l'Éducation Spéciale (CDES) et la Commission technique d'orientation et de reclassement professionnel (Cotorep). Elle prend les décisions relatives à l'attribution des prestations comme l'Allocation d'Éducation pour Enfant Handicapé (AEEH), l'orientation dans le primaire dans une CLasse d'Intégration Scolaire (CLIS), dans le secondaire dans une Unité Pédagogique d'Intégration (UPI) ou par un Service d'Éducation Spéciale et de Soins à Domicile (SESSAD). Elle décide également de la création du PPS si la famille en fait la demande, et en assure la validation périodique. Elle donne son avis sur la pertinence pour l'élève de suivre tout ou partie de son enseignement à distance avec le CNED, Centre National d'Enseignement à Distance.

Mon avis : le terme de CDES me convenait mieux pour les dyslexiques.

Allocation d'Éducation pour Enfant Handicapé (AEEH)

Cette allocation versée par la Caisse d'Allocations Familiale est mensuelle. Elle sert à aider les parents à faire face aux frais concernant l'éducation de leur enfant handicapé. La demande d'AEEH doit être faite à la MDPH et elle est attribuée sur décision de la CDAPH. Dans les cas de dyslexies, le handicap n'étant pas chiffré, l'AEEH n'est pas accordée sauf à titre exceptionnel, comme pour couvrir les frais de séjour dans un établissement sanitaire. Dans ce cas, elle est versée directement à l'établissement pour la durée du séjour, et à la famille pour les périodes de retour à la maison.

Mon avis : pour un enfant dyslexique, ce n'est pas lorsque la famille ne partage plus que les bons moments avec son enfant (car elle est « déchargée » des contraintes scolaires donc « du handicap ») qu'elle a le plus besoin de cette aide. Le handicap n'est reconnu que lorsque sa prise en charge est visible ! Le travail et les contraintes intrafamiliales ne se voient pas ! Donc n'existent pas !

La CLasse d'Intégration Scolaire (CLIS)

La CLIS a pour mission d'accueillir des élèves en situation de handicap au sein d'une école primaire ordinaire. L'enseignant est spécialisé, le nombre d'élèves limité à douze. Il existe quatre types de CLIS :

- pour les enfants ayant des troubles importants des fonctions cognitives ;
- un handicap auditif ;
- un handicap visuel ;
- un handicap moteur.

Mon avis : à mon sens, la CLIS n'est pas adaptée pour l'instant à l'accueil pour enfants dyslexiques.

L'Unité Pédagogique d'Intégration (UPI)

Les classes UPI concernent les élèves présentant des troubles importants des fonctions cognitives ainsi que des élèves ayant des déficiences sensorielles ou motrices. Les classes UPI sont situées au sein de collèges ou de lycées ordinaires. Les UPI sont conçues de telle sorte qu'elles autorisent la possibilité de parcours personnalisés favorisant les objectifs de chaque PPS.

Mon avis : l'UPI n'est pas adaptée pour l'instant à l'accueil des enfants dyslexiques.

Le Service d'Éducation Spécialisée et de Soins à Domicile (SESSAD)

Composé d'équipes pluridisciplinaires (enseignant spécialisé, orthophoniste, psychomotricien...) le SESSAD est un service de soins, de soutien et d'accompagnement qui peut intervenir à la maison et/ou à l'école sur décision de la CDAPH. Ses prestations sont financées par l'assurance maladie.

Mon avis : la prise en charge SESSAD peut être une bonne solution pour aider les enfants et soulager la famille, mais la liste d'attente peut être longue ! À défaut, vous pouvez faire appel comme moi à une association spécialisée dans l'aide aux devoirs pour enfants handicapés (à vos frais), car la dyslexie étant un handicap qui n'est pas quantifié, la MDPH ne prendra pas en charge cette aide !

Le Projet Personnel de Scolarisation (PPS)

L'équipe de suivi de la scolarisation (les parents, les enseignants, la médecine scolaire, le chef d'établissement et l'indispensable enseignant référent) élabore un PPS qui définit les modalités de déroulement de la scolarité et les actions pédagogiques, éducatives, sociales, médicales et paramédicales répondant aux besoins particuliers de l'élève présentant un handicap. Ce PPS est ensuite validé par la CDAPH. Il doit être revu régulièrement, au moins une fois par an, pour être ajusté et pour vérifier son application.

Mon avis: une fois qu'il est opérationnel, un PPS est un outil indispensable qui pose un cadre légal pour et autour de l'élève dyslexique.

L'enseignant référent

Occupé uniquement dans l'intérêt de l'élève. Il anime l'équipe de suivi de scolarisation. Il exerce principalement ses missions en application des décisions de la CDAPH et en vue de favoriser leur réalisation. Il veille à la continuité et à la cohérence de la mise en œuvre du PPS. Il est l'interlocuteur privilégié de toutes les parties prenantes de ce projet. Il exerce sa fonction de référent auprès de chacun des élèves handicapés d'un département.

Mon avis: en cas de difficultés (pédago-administratives), n'hésitez pas à l'interpeller, car il est un médiateur bienveillant.

Les Réseaux d'Aides Spécialisées (RASED)

Ils sont composés de psychologues scolaires, de professeurs des écoles spécialisés dans l'aide à dominante rééducative: maître G, de professeurs des écoles spécialisés dans l'aide à dominante pédagogique: maître E. Ils interviennent au sein de l'école à la demande de l'enseignant et avec l'accord de la famille. Pour réduire les difficultés constatées, l'aide spécialisée est adaptée à chaque élève.

Mon avis : si le bénéfice de l'aide aux enfants est incontestable, il faut cependant rester modéré, car en tout premier lieu, c'est le RASED qui avait pris en charge William. Hélas, dans son cas, ce ne fut qu'une perte de temps, car malgré tous les symptômes pourtant significatifs de la dyslexie, ce n'est qu'un an plus tard que le diagnostic a pu être posé par un neurologue.

Le Projet d'Accueil personnalisé (PAI)

Il concerne les élèves malades ou atteints d'une pathologie chronique. Il est établi entre la famille et l'école avec le concours du médecin scolaire. Le PAI est un document écrit qui précise les modalités de la scolarisation ainsi que les attentions et les soins particuliers dont l'élève malade doit bénéficier. Ce projet n'est pas forcément soumis à la CDAPH. L'enseignant référent peut être consulté pour aider à l'élaboration d'un PAI.

Le Centre d'Action Médico-Sociale Précoce (CAMSP)

Il est destiné aux enfants présentant des difficultés de développement ou des troubles du comportement de la naissance et jusqu'à l'âge de six ans. L'équipe pluridisciplinaire du CAMSP, composée de médecins, de psychologues, de psychomotriciens, d'éducateurs, d'orthophonistes..., œuvre à favoriser un développement harmonieux en respectant les capacités de l'enfant.

Le Centre Médico-Psychologique Infantile (CMPI) et le Centre Médico-Psycho-Pédagogiques (CMPP)

Placés sous l'autorité d'un médecin pédiatre ou pédopsychiatre, les CMP pratiquent le diagnostic et le traitement des enfants inadaptés mentaux dont l'inadaptation est liée à des troubles neuropsychiques ou à des troubles du comportement susceptibles d'une thérapeutique médicale, d'une rééducation médico-psychologique ou d'une rééducation psychothérapique ou psychopédagogique sous autorité médicale. Ils sont toujours mis en œuvre par une équipe composée de médecins, d'auxiliaires médicaux (orthophonistes), de psychologues, d'assistantes sociales et, autant qu'il existe des besoins, des pédagogues et des rééducateurs (psychomotriciens, neuropsychologue...) Ils ont pour but de réadapter l'enfant en le maintenant dans son milieu familial, scolaire ou professionnel et social. Bien que l'attente pour obtenir un premier rendez-vous avec le médecin pédopsychiatre soit souvent de plusieurs mois, la prise en charge, si elle est pertinente, sera entièrement gratuite pour la famille car les CMP sont financés par l'assurance maladie et les conseils généraux.

Le psychomotricien

Il traite sur prescription médicale les troubles du mouvement et du geste : trouble de l'orientation, trouble déficitaire de l'attention, « hyperactivité », trouble de la coordination, les dysgraphies, les difficultés d'apprentissage non verbal, les troubles spatiaux, les troubles de la dominance latérale, etc. Très au fait du développement de l'enfant et des troubles neuromoteurs, le psychomotricien tente d'apporter, par des mises en situation et des apprentissages spécifiques, une réduction du déficit ou une disparition même du trouble neuro-développemental.

Le neuropsychologue

Le rôle du neuropsychologue est d'évaluer la nature et l'importance des troubles liés à un dysfonctionnement cérébral (trouble de l'attention, de la mémoire, du langage, désorganisation ou altération de la perception spatiale, latérale…) en mesurant, à l'aide de tests standardisés et normalisés, les capacités individuelles pour proposer une rééducation ciblée.

Le Centre National d'Enseignement à Distance (CNED)

Cette scolarisation est destinée aux enfants ne pouvant pas suivre physiquement un enseignement au sein d'une école. Le CNED possède un pôle spécifique pour les enfants handicapés qui peuvent même bénéficier d'un accompagnement à domicile par un enseignant. Ce type de scolarité peut être à temps plein ou à temps partiel, suivant les besoins et les capacités de l'élève. L'établissement de secteur reste établissement de référence auquel sont transmis tous les résultats de l'élève.

Mon avis : bien se renseigner auprès de l'enseignant référent pour déterminer la pertinence d'un enseignement à distance et la possibilité que tout ou partie des frais soit pris en charge par la MDPH.

Le matériel pédagogique adapté

Destiné à combler les difficultés importantes liées à l'écrit, l'usage d'un ordinateur portable équipé d'un logiciel performant à reconnaissance vocale peut être indispensable pour un enfant dyslexique. La demande de matériel est à faire à la MDPH. Lorsque la demande est acceptée, l'achat est effectué par l'Éducation nationale qui en restera propriétaire mais l'élève en conservera, dans le cadre d'une convention de prêt, l'usage tout au long de sa scolarité.

Mon avis : nous avons obtenu pour William un équipement complet et très performant (heureusement que je garde tous les documents en photocopie car au moment de débloquer le financement, le dossier était perdu à l'inspection académique). De plus mon fils utilise depuis deux années scolaires cet équipement sans que personne au sein de l'établissement ne soit formé pour l'accompagner et en optimiser l'utilisation. Pour finir, il n'y a eu pour l'instant que deux équipements d'accordés dans mon département concernant des enfants dyslexiques. Ces deux enfants-là sortent du même centre de rééducation intensive et ont le même profil de mères tenaces !

L'Auxiliaire de Vie Scolaire (AVS)

Certains enfants ont besoin d'être aidés dans certains gestes du quotidien afin de pouvoir être en classe comme tous les autres élèves. L'AVS peut donc, dans certains cas, être indispensable pour rendre accessible l'école à un enfant handicapé. L'AVS peut intervenir auprès d'un seul enfant comme d'un groupe dans le cadre, par exemple, d'une CLIS. Après évaluation des besoins spécifiques de l'élève par la CDAPH, le temps ainsi que la forme de l'intervention de l'AVS sont déterminés. La présence d'un AVS doit être réévaluée de façon régulière pour qu'elle ne devienne pas un obstacle à l'acquisition de l'autonomie.

Mon avis : bien que cette aide soit souvent très utile, il peut être difficile pour un élève d'assumer face à ses camarades la présence de ce tiers à ses côtés. Cependant cette présence est aussi dans certains cas un élément de modération pour les professeurs qui n'ont plus, face à eux, uniquement des enfants, mais aussi un adulte bienveillant.

Avis d'un pédopsychiatre

Le 16 juillet 2008, j'ai eu le grand plaisir de rencontrer le professeur Marcel Rufo en personne, eh oui ! Le professeur Rufo, pédopsychiatre de son état, est reconnu comme l'un des meilleurs spécialistes de l'enfance et de l'adolescence. Chef de service de Médecine et Psychiatrie de l'Adolescent des Hôpitaux Sud de Marseille, il a accepté de répondre aux trois questions que j'avais eu soin de préparer, afin de ne pas abuser du temps qu'il pouvait me consacrer :

– Dans les pays anglo-saxons les dyslexiques mettent en avant leur particularité, alors qu'ici la tendance serait plutôt de la cacher au maximum (j'ai moi-même changé les prénoms de mes enfants dans mon manuscrit, car je considérais que c'était mon témoignage et que je n'avais pas le droit de les exposer plus que de raison. De toute façon, l'aîné me l'a demandé il y a quelques jours). Comment expliquez-vous une telle différence ?

– Si on considère qu'Albert Einstein ou Léonard de Vinci, pour ne citer qu'eux, étaient dyslexiques, comment devrait-on faire pour leur expliquer, si par miracle ils revenaient dans notre siècle, que désormais ils dépendraient de la maison du handicap ?

– Pensez-vous pour finir que la prise en charge des enfants dyslexiques pourrait être améliorée, et comment ?

Voici sa réponse :

«Chère madame,

Pour les trois questions, je crois qu'on progresse un peu comme les pays anglo-saxons, la preuve l'intégration de William et ses progrès malgré ses particularités de lecture. Lorsqu'on cite toujours Léonard de Vinci et Einstein, c'est pour trouver les secteurs sains et particulièrement bien développés chez les enfants qui présentent des difficultés en secteur et pour votre petit William, les mathématiques constituent la partie saine de toutes les compétences qui sont les siennes s'il n'avait pas eu ces difficultés particulières en lecture.

On surcompense toujours un peu en s'intéressant aux deux caryatides de la connaissance et c'est un peu un standard.

Je crois que pour la prise en charge des dyslexiques, le réseau spécialisé ville-hôpital-école est la clef de l'intégration qui, dans les années à venir, fera que le type de structure des Lavandes [31] sera à disperser dans toutes les écoles plutôt qu'un intervenant regroupant les enfants.

Bien à vous,

Professeur Marcel RUFO »

31. Les Lavandes : maison d'enfants à caractère médical spécialisé pour le traitement intensif des troubles du langage écrit (Dyslexie-Dysorthographie-Dyscalculie).

À réfléchir

Un homme qui enseigne devient aisément opiniâtre, parce qu'il fait le métier d'un homme qui n'a jamais tort.

Montesquieu

Ne me dites pas que vous n'avez pas le temps. Vous avez exactement le même nombre d'heures qu'ont eues Pasteur, Michel Ange, De Vinci ou Albert Einstein.

Jackson Brown

Je vais vous confier mes enfants non pas pour soupeser plus tard la somme de leurs connaissances, mais pour me réjouir avec vous de la qualité de leur ascension.

Antoine de Saint-Exupéry

Petite liste non exhaustive
de dyslexiques célèbres :

Michel-Ange ; Beethoven ; Agatha Christie ; Winston Churchill ; Walt Disney ; Albert Einstein ; Thomas Edison ; Galilée ; John F. Kennedy ; Napoléon ; Mozart ; Auguste Rodin ; Louis Pasteur ; Jules Verne ;...

Volontairement je ne m'autorise pas à citer de personnalités contemporaines vivantes par égard au respect de la vie privée. Mon souhait est qu'après la lecture de ce livre, elles comprennent tout le bien qu'elles peuvent faire aux enfants qui subissent aujourd'hui les mêmes humiliations qu'elles ont connues dans leur enfance. En acceptant de se révéler elles porteraient assistance aux enfants en danger. Elles calmeraient certainement les assauts des enseignants qui ne pourraient plus affirmer que les dyslexiques sont condamnés à l'échec.

S'il vous plaît monsieur… madame… Pensez-y et faites preuve de courage.

Achevé d'imprimer
par l'imprimerie Dupli-Print (95)
pour le compte de
CHEMINEMENTS
en avril 2009

Dépot légal : mars 2009
N° d'impression : 119098